教育の泉 ⑰

学習指導要領を「なぜ」で読み解く社会科授業のヒント

北　俊夫 著

文溪堂

まえがき

「社会科授業で『見方・考え方』をどのように働かせたらよいのですか」「4年に付け加えられた『自然災害を防ぐ』の単元はどのように指導するのですか」「6年では『日本国憲法』から学習するようになりましたが、どのように扱えばよいのですか」などの質問が寄せられます。これらに共通していることは、いかに指導するかという「指導方法」です。

かつて「言語活動の充実」という課題が提起されたとき、なぜ充実させる必要があるのか。何のために充実させるのかといった、課題の背景や目的がきちんと押さえられないままに実践され、授業において言語活動を充実させることが目的化されました。また、指導のかたちが優先され、授業が硬直化、画一化する結果にもなりました。

学校現場では改訂の真意を十分に理解することなく、いきなり指導方法を工夫することだけに関心が向きがちです。こうした傾向は指導する立場を考慮するとやむを得ないことです。しかし、背景や目的を理解しないままの指導方法に接すると、「これでよいのだろうか」といった不安感や戸惑いをもちます。根本の部分を押さえていないからです。また、指導方法が画一化したり目的化したりしてしまうことにもなりかねません。

実践者としてはどうしても変更されたところに目が向きます。そしてその指導方法に関心を寄せるのはやむを得ないことです。しかし、誤りのない実践を展開するために、またより確かな実践を生み出すためにぜひとも押さえておきたいことがあります。

社会科の学習指導要領は従来と比べると、変更点や追加された事項がたくさん見られます。ところが、学習指導要領の本体はもとより、その『解説』にも「なぜ変わったのか」「どのような意味があるのか」といった背景や理由は一切示されていません。『解説』は単なる用語の説明になっています。「なぜ、変わったのか」といった背景や理由などを示すことによって、学習指導要領をさらに深く理解できるようになるのではないかと考えます。学習指導要領の『解説』に丁寧な説明が見られないのが残念です。

わたしの好きなフレーズに「原則を明確に、実践を多様に」があります。改訂の背景や目的は実践に当たって押さえておきたい「原則」です。原則を明確にすることによって、実践を多様に工夫することができるようになると考えます。各学校や教師に対して期待したいことは、実践の画一化ではなく、創意工夫のある多様化です。

本書『「なぜ」で読み解く社会科授業のヒント－「なぜ」がわかると、授業が変わる－』は、こうした背景と趣旨からとりまとめたものです。

学習指導要領を見ると、たくさんの「なぜ」を見いだすことができます。ここでは、特に重視したい変更点や疑問点に関わる42の「なぜ」を抽出しました。これらのうち、学習指導要領の総則や社会科の目標に関連しているものを「総論」としました。そのあとに、学年ごとに確認したい「なぜ」を列挙しました。読みやすくするために、一つの「なぜ」を見開き2ページで構成しています。その答えに当たる内容を左ページに説明し、右ページにはそれにもとづいて指導する際のヒントやアイデアを紹介しました。

関心のある「なぜ」、日ごろから疑問に感じていた「なぜ」、周囲の先生方に伝えたい「なぜ」など、どこからでも読むことができます。

社会科は次代を担う子どもたちを育てる中核となる教科です。本書を学校での授業研究や地域の研究会などでご活用いただき、社会科の授業がさらに活性化し発展していくことを心から願っています。また、本書は社会科授業について助言する際のバイブルとして活用することができます。

終わりになりましたが、本書は株式会社文溪堂社長水谷泰三氏のお力添えによるものです。こうして出版することができたことに、心から感謝の意を表します。

令和２年１月

北　　俊夫

CONTENTS

総論

3年

4年

5年

6年

「なぜ」で読み解く社会科授業のヒント
―「なぜ」がわかると、授業が変わる―

【本書に込めた筆者の思い】

学習指導要領の改訂に当たっては、まず中央教育審議会で審議され、方針が定められました。それが平成28年12月21日に公表された「幼稚園、小学校、中学校、高等学校及び特別支援学校の学習指導要領等の改善及び必要な方策等について」という表題の答申です。これにもとづいて各教科等の改訂作業が行われました。その結果、新しい学習指導要領が平成29年3月31日に告示されました。それは審議や作業の結果を学習指導要領として成文にされたものです。学習指導要領は法律ではありませんが、法的な拘束性をもっています。

学習指導要領には、社会科においてこれまでにない内容や教材が追加されたり、指導する学年が移行されたり、さらに内容の取扱いが変更されたりしています。ところが、なぜそうなったのか。どのような意図があるのか。学習指導要領やその『解説』のどこにもそのような記述は見当たりません。学習指導要領は結果だけが示されたものだからです。

これからの社会科授業を実践するに当たって、どうしても「いかに」指導するのかに関心が向きがちですが、そのまえに「なぜなのか」を確認してほしいと思います。「なぜ」がわかることは、確かな授業を考える前提だからです。『「なぜ」がわかると、授業が変わる』と言えます。

本書で述べたことは「平成29年版学習指導要領のウラ情報」といったところでしょうか。これからの社会科の授業づくりに生かしていただきたいと願っています。

総論 01

なぜ？「学力」と言わずに「資質・能力」と表現されているのですか。

「資質・能力」は「学力」を含めた概念

平成19年6月、前年12月の教育基本法の改正を受けて、学校教育法が一部改正されました。そこでは、小学校の「教育の目的」の項で、学力について次のように規定されました（第30条2項）。

> 生涯にわたり学習する基盤が培われるよう、基礎的な知識及び技能を習得させるとともに、これらを活用して課題を解決するために必要な思考力、判断力、表現力その他の能力をはぐくみ、主体的に学習に取り組む態度を養うことに、特に意を用いなければならない。

ここには、学力を構成する基本となる要素が示されています。下線を引いた「基礎的な知識及び技能」と「思考力、判断力、表現力その他の能力」、それに「主体的に学習に取り組む態度」の3つです。

一方、社会科の教科目標や各学年の目標を見ると、「知識及び技能」「思考力、判断力、表現力等」「学びに向かう力、人間性等」の3つの項目から構成され、これらは「資質・能力」の「3つの柱」と言われています。

「学びに向かう力」を「主体的に学習に取り組む態度」と捉えると、学力には「資質・能力」の構成要素である「人間性等」が含まれていないことがわかります。「人間性等」とは、3年を例にすると「地域社会に対する誇りと愛情、地域社会の一員としての自覚」といった、内心や心情に関わる事項です。この部分は学力に含まれず、「学力＝資質・能力」ではありません。

学習指導要領の目標には、いずれの教科にも「人間性等」に関わる事項が位置付けられています。そのため、これまでのように「学力」という用語が使えなくなり、「資質・能力」という新しい概念を登場させたのです。

授業づくりのヒント　単元の目標をどう設定するか

　単元（以下、小単元を含む）の指導計画を作成するとき、まず単元の目標を設定します。その際大切なことは、学習指導要領の関連する「内容」はもとより、実践する学年の「目標」を踏まえることです。

　学習指導要領に示されている「目標」は、「資質・能力」の要素から構成されていますから、これらの内容を踏まえ、当該単元の内容や教材や学習活動に即して設定します。学習指導要領の「目標」の構成（「資質・能力」の「3つの柱」）に準じて、次のように箇条書きにすると分かりやすくなります。

【4年・単元「自然災害から人々を守る」の目標（例）】

(1)　地域の関係機関や人々は、自然災害に対して様々な協力をしてきたことや、今後想定される災害に対して様々な備えをしていることを理解するとともに、聞き取り調査をしたり地図や年表などの資料で調べたりしてまとめることができる。

(2)　過去に発生した地域の自然災害、関係機関の協力などに着目して、災害から人々を守る活動を捉え、その働きを考え、表現することができる。

(3)　自然災害から人々を守る活動について、主体的に学習問題を解決しようとする態度や、よりよい社会を考え学習したことを社会生活に生かそうとする態度を養う。また、思考や理解をとおして、地域社会に対する誇りと愛情、地域社会の一員としての自覚を養う。

　目標設定のあり方は、それらの実現状況を捉える評価方法とも関連しています。目標は、次のように観点別評価を実施する対象と個人内評価を行う部分に大別されます。

○知識及び技能
○思考力、判断力、表現力等　――　観点別評価　――　知識・技能／思考・判断・表現／主体的に学習に取り組む態度
○学びに向かう力
　人間性等　――――――――　個人内評価

▲目標の要素と評価方法と評価の観点の関係

総論 02

なぜ？ 「社会に開かれた教育課程」なのですか。

学校教育の役割は何か

これまでも「地域に開かれた学校づくり」とか「地域に根ざした教育活動の推進」といった取り組みが重視されてきました。具体的には、地域の素材を教材化する、地域の人たちを人材として活用する、地域の博物館や郷土資料館などの施設を利用するなどです。地域と一体になって教育活動を展開することによって、学校教育の質を高めることができ、地域社会に目を向ける子どもたちが育ってきました。

また、学校の教育活動の状況を保護者や地域住民に発信し、理解と協力を得る努力も行ってきました。運動会など主な学校行事のあとや学期末などに保護者などから学校評価を受ける機会や仕組みも設けてきました。これらは、保護者や地域住民の願いや意向なども取り入れながら、ともに子どもたちの教育を押し進めようとする取り組みです。

これらは、いずれも「いまの」教育活動を充実させるための取り組みだと言えます。空間的な意味あいをもつ「開く」として捉えることができます。

これに対していま一つは、時間軸で捉える「開く」が考えられます。すなわち、子どもたちが将来活躍する「これからの」社会を見据えて、いまの教育活動を開くことです。そのためには、将来に通用する「資質・能力」を明らかにし、学校教育でしっかり身につけさせておく必要があります。学校教育には国家・社会の形成者を育てるという重要な役割があります。その意味で、学校は将来よりよい社会の形成に関わることができる人間として成長する準備教育の場だと言えます。

これまでの小学校教育は、「いまのこと」に重点を置き、いま目の前にしている子どもたちの将来を見据え、そのための教育はどうあるべきかという視点が必ずしも十分でなかったように思われます。

授業づくりのヒント　社会の課題に目を向け解決策を考えさせる

これからの社会科でも、地域の素材を教材化したり、人材（人財）の活用を図ったり、さらに生涯学習施設を利用したりするなど、地域の様々な教育資源を生かした、問題解決的な授業づくりを進めることが大切です。

ただ、これまでの問題解決的な学習は、「社会科は内容教科」と言われてきたこともあり、一定の知識を習得・獲得させることに役割がありました。そのため、学習場面で解決する対象は「学習上の課題」でした。いわゆる学習問題を設定して、追究・解決しながら、社会に対する理解を深めさせることに主要な狙いがあったと言えます。このことは社会科の重要な役割ですから、これからも重視する必要があります。しかし、それだけでは「いまの社会」に開かれた社会科授業にしかなりかねません。

「社会に開かれた教育課程」の趣旨を踏まえて社会科の役割を果たすには、学んだ知識や技能を生かし、はぐくんだ思考力、判断力、表現力などをもとに、身近な地域社会や国土に見られる課題を見いだし、その解決策を考えさせる学習場面が必要になります。例えば、生産や販売、産業などの分野における後継者の問題、自然災害に対する予防や備え、食料やエネルギー資源の安定供給など社会に見られる課題を教材化する取り組みを重視します。

また、子どもたちが社会人として成長したときに想定される課題、例えば人口問題や地域創生、産業の発展など持続可能な社会をつくるために遭遇する社会の課題を取り上げ、いまから心構えをもつとともに、いまから取り組むべきことを考えさせる学習活動を取り入れるようにします。学校教育や社会科の授業においても、2030年までに達成させるとされている「持続可能な開発目標（SDGs）」を実現する取り組みが求められます。

これまでも単元などの終末で「自分（たち）にできること」を考えさせる活動がありましたが、一歩踏み込み、「これからの社会において大切なことは何か」を考えさせます。このことによって、社会の課題を「他人ごと」から「自分ごと」へ、さらに「社会ごと」として捉えさせることができます。

社会科において、将来よりよい社会の形成に参画できる資質・能力を身につけることを一層重視する必要があります。

なぜ？「見方・考え方」が重視されているのですか。

生き方としての「見方・考え方」

これまでの学習指導要領での「見方・考え方」という表記は、社会科では指導計画作成の配慮事項として「社会的な見方・考え方を養われるようにする」と示され、理科では教科目標に「科学的な見方・考え方を養う」とありました。一部の教科に留まっていたのがこれまでの示され方です。

今回の学習指導要領には、すべての教科等の目標に「見方・考え方を働かせて」と示されました。社会科や理科の立場から見ると、違和感をもつことはありませんが、戸惑いを感じた教科もあるでしょう。すべての教科等で「見方・考え方」を重視していることには次のような理由が考えられます。

例えば社会科の教科目標に「社会的な見方・考え方を働かせて、(中略) 公民としての資質・能力の基礎を次のとおり育成することを目指す」とあるように、「見方・考え方」を身につけさせることが主要な目的ではありません。「見方・考え方を働かせ」た授業が求められているのは、学習指導要領に目標や内容として示されている「資質・能力」を子どもたちに確実に実現させるために必要なことだと言えます。「見方・考え方」は子どもたちに教科の学力をつける手段です。手段を身につけることを目的化しないようにします。

「見方・考え方」は、教師にとっては「教え方」であり、子どもにとっては「学び方」だと言えます。いずれにおいても、「見方・考え方」は手段であり方法です。このことについては次ページで具体的に説明します。

人はだれでも自分なりの「見方・考え方」をもち、人やもの、事象など様々な対象を適切に見たり的確に考えたりしようとしています。その際に生かされるのが、自分なりにもっている「見方・考え方」です。「見方・考え方」は学習において必要とされる手段に留まらず、主体的に生きていくための道具であり、人としての「生き方」でもあります。

授業づくりのヒント　「見方・考え方」を意識して指導する

「見方・考え方」を働かせた授業を展開するとき、そもそも「働かせる」のはだれかという問題があります。学習指導要領は各学校が教育課程を編成したり各教科等の指導計画を作成したりする際の基準を示したものですから、「働かせ」とは学校や教師に向けて発信しているものです。教師が「見方・考え方」を働かせた授業を行うことが前提になります。教師にとっての「見方・考え方」は「教え方」であり「指導方法」だと言えます。

授業において、2つの事象を写真で提示したとき、教師は「2つの写真を比べて見ましょう」と問いかけます。さらに丁寧な教師は、比較する際の観点を示して、違いはどこだろうか。共通点はどこだろうかと、より具体的に問いかけます。このように、資料の見方・考え方を示すことによって、子どもたちは比較して見たり考えたりするときの方法（手だて）を学んでいきます。その後、教師から細かく指示されなくても、子どもたちは習得した「見方・考え方」を働かせながら資料を読み取るようになります。

このように、教師がまず「見方・考え方」を意図的に働かせて指導することによって、子どもたちに身につけさせることができ、やがて「見方・考え方」を働かせながら学びを深めていく子どもたちが育っていきます。

そのためには、教師自身がどのような「見方・考え方」を働かせると、子どもたちの学びが深まっていくのかを明らかにしておく必要があります。

社会科における「見方・考え方」は、次の2つに分別することができます。まず、社会や社会的事象を見たり考えたりする際の視点です。社会科では「地理の目」「歴史の目」「社会システムの目」が基本です。授業者は指導に当たって、対象をどの目から捉えさせたいのかを明らかにしておきます。次は、方法や手続きとしての「見方・考え方」です。比較、分類・整理、関連付け、演繹と帰納、概念化と具体化などの手法が取り入れられます。前者は社会科固有の「見方・考え方」であり、後者はいずれの教科にも共通した汎用性のある「見方・考え方」です。

拙著『「ものの見方・考え方」とは何か』（文溪堂）には、18の対象への目のつけ方（視点）と、17の事象などの処理・操作の仕方（方法）を示しています。

総論 04

なぜ？

「主体的・対話的で深い学び」が求められているのですか。

学力形成を図り、「生きる力」を身につける

先に、学習指導要領に示された社会科の目標は、「資質・能力」の「３つの柱」から構成されていることを述べました。これらの内容を子どもたちに実現させるには、どのような授業展開が求められるのでしょうか。

教師が身につけさせたい知識や技能を分かりやすく説明すれば、子どもたちに伝えることができるかもしれません。しかし、「伝えたこと」がすなわち「伝わったこと」にはならないところに、伝達型の授業の難しさと限界があります。昔から「聞いたことは忘れ、見たことは覚え、行ったことは理解する」と言われてきました。「なすことによって学ぶ（Learning by Doing）」という考え方はいまにも生きる重要な授業原理です。

まして、思考力、判断力、表現力などの能力や主体的に学ぶ態度や誇りや自覚といった人間性に関わることは、教えてもけっして身につきません。はぐくんでいく性格のものだからです。子どもたちに「資質・能力」を総合的に身につけさせるためには、知識や技能を伝達することを重視したこれまでの伝統的な授業ではなく、子ども一人一人が問題意識をもって、友だちと協働的に学んでいく授業が求められます。アクティブ・ラーニングと言われた「主体的・対話的で深い学び」のある授業をつくることが不可欠です。

また、将来よりよい社会の形成に参画するためには、社会の課題を見いだし主体的、協働的に解決する態度や能力を身につけていなければなりません。ここで言う「主体的」とは「一人一人が」ということです。「協働的」とは「みんなで」ということです。前者は自立に、後者は共生につながります。「自立と共生」は社会で生きていくために必要となる重要なキーワードです。「主体的・対話的で深い学び」を実現する授業づくりは、将来の社会の担い手を育てるためにも必要な課題だと言えます。

授業づくりのヒント 「主体的な学び」と「対話的な学び」を関連付ける

「主体的な学び」とは、子ども一人一人が問題意識をもって、できるだけ自力で問題解決していく学習のことです。問題解決的な学習を自立的な学びとして展開させることにより、一人一人において学びが深まりのあるものになっていきます。そのためには次のような課題の解決が求められます。

- 子どもたちに価値のある学習問題を意識化させるための資料をいかに提示するか。
- 予想や学習計画を立てることにより、問題解決への切実性と見通しをいかにもたせるか。
- 調べたことをいかに整理し、学習問題に対していかに考察させるか。
- 学習成果を自分（たち）の生活の改善や社会の形成にいかに生かすか。

「対話的な学び」とは、学級という社会において友だちと協働的に学ぶことです。「三人寄れば、文殊の知恵」と言われるように、学び合う活動をとおして自らの思考や理解を深めていくことができます。あえて「協働的」と言い換えているのは、友だちや地域の人、教材などとの一対一の対話的な関係では学びの深まりに限界があると考えているからです。教室での学び合いの中心は「話し合い活動」です。それは発表や説明、報告といった一方向の伝達型の授業ではなく、多様な意見が飛び交い、みんなで議論し合う討論型の授業です。こうした学習をとおして、社会人として求められる違いを認め合い、支え合う資質や態度を養うことができます。

授業の場では、「主体的な学び」と「対話的な学び」をそれぞれ充実させるとともに、両者の学びを関連付け、相乗効果を発揮させることで、子どもの学びはさらに深まりのあるものになります。これこそ学校ならではの学びのスタイルです。家庭や学習塾などでは体験することができません。

詳細は、拙著『「主体的・対話的で深い学び」を実現する社会科授業づくり』（明治図書出版）、『新社会科討論の授業づくり－思考・理解が深まるテーマ100選』（学芸みらい社）を参考にしてください。

なぜ？「カリキュラム・マネジメント」が必要なのですか。

学校教育の質向上を目指す取り組み

学習指導要領総則には、カリキュラム・マネジメントについて次のように示されています。

- 教育の目的や目標の実現に必要な教育の内容等を教科等横断的な視点で組み立てていくこと
- 教育課程の実施状況を評価してその改善を図っていくこと
- 教育課程の実施に必要な人的又は物的な体制を確保するとともにその改善を図っていくこと

これらはいずれも、各学校が編成した教育課程（教科で言えば指導計画）にもとづいて、「組織的かつ計画的に各学校の教育活動の質の向上」を図るために必要なことです。カリキュラム・マネジメントは、学校の教育活動の質をさらに向上させ、学校教育の役割を果たすために求められている課題です。

「カリキュラム・マネジメント」とカタカナ文字で示されると、新しい課題のように受けとめられがちですが、そうではありません。

従来の学習指導要領にも「各教科等及び各学年相互間の関連を図り、系統的、発展的な指導ができるようにすること」と示されていましたから、これまでも、教科等の学習内容や教材、学習活動などを関連付けて指導する取り組みを行ってきました。ＰＤＣＡサイクルにもとづいて子どもの学習状況を点検・評価し、結果を指導の改善に生かす評価が実施されてきました。さらに、これまでも学校内外の指導体制を整備・確立し、教育活動の質の向上を目指してきました。

これらの課題の重要性を改めて認識し、意図的、計画的かつ組織的な教育課程の改善や指導計画の充実を図ることが求められます。

授業づくりのヒント　学習指導案に「他単元・他教科等との関連」を記述する

ここでは、カリキュラム・マネジメントのうち、教育内容の教科等横断的な視点を中心に授業づくりについて考えます。これまでの社会科の授業づくりにおいては、算数科などと比べると、単元を単独に計画する傾向が強く見られました。過去の学習成果との関連を考慮するという視点が不十分だったように思われます。

3年では、「消防署や警察署」の学習で、災害発生時など緊急時の対処と火災や事故への防止について扱われます。4年の「県内の自然災害」の学習では、自然災害の発生に対する「対処と備え」が扱われます。5年でも国土の「自然災害」が取り上げられ、国土の保全や国や県などの対策や事業が扱われます。さらに6年の「政治の働き」では、「自然災害からの復旧や復興」を事例として取り上げることができるようになっています。

このように、「安全・防災教育」に関わる学習内容や教材は、社会科において複数学年に位置付いており、ここでは過去の学習成果を生かした系統的、発展的な学習を構成することが求められます。これによって授業の質を高めることができます。

社会科の指導計画を作成する際には、他学年の学習との関連を図った縦断的な視点から学習内容や教材の配置を考慮した学習活動を構成します。

安全や防災、自然災害に関する学習内容は、社会科のほかに、理科や家庭科、体育科（保健領域）、学級活動や学校行事でも扱われます。例えば、理科の学習指導要領には、天気、川、土地などの指導に当たって、災害に関する基礎的な理解が図られるようにすることが示されています。体育科の保健領域では、危険の予測や回避の方法を考えさせるようになっています。

社会科の指導計画に、他教科等との関連を示すことにより、学習に幅と深まりが期待できます。これは、教科等横断的な視点から学習内容や教材等を関連付けることです。

学習指導案に「他単元・他教科等との関連」という項を設けて、相互の関連を記述することにより、意図的な指導が可能になります。その結果、子どもの学びに深まりと広がりが期待できるようになります。

総論
06

なぜ？

「人間性等」に関わる事項が観点別評価から外されたのですか。

学習成果を数値的に判定できるのか

社会科における「人間性等」に関わる事項とは、教科目標や学年目標の(3)の後半に示されている「地域社会に対する誇りと愛情、地域社会の一員としての自覚、我が国の国土と歴史に対する愛情、我が国の将来を担う国民としての自覚、世界の国々の人々と共に生きていくことの大切さについての自覚など」を言います。いずれも一人一人の心のうちに養われ、周囲の人には目に見えにくいものです。

平成19年6月の学校教育法一部改正の議論において、一人一人の内面に形成され、客観的に捉えにくい誇り、愛情、自覚といった部分について、十分に養われたとか不十分だといった判断ができるのか。「知識や技能」などと同じように、学習の状況や成果をＡ・Ｂ・Ｃで判定することができるのかといったことが話題になりました。議論の結果、数値的に評定することはできないということになり、学力を構成する要素から外されたのです。

このことは、「知識や技能」や「思考力、判断力、表現力など」のように観点別評価を行わないことを意味していました。教科目標や学年目標の(3)に規定された「学びに向かう力、人間性等」は、前者の部分のみを観点別に評価することになりました。評価の観点は「主体的に学習に取り組む態度」です。

単元の目標には、当然「人間性等」に関わる内容も含めて設定されます。目標に準拠して評価する際に評価の対象から除外するわけにはいきません。そこで登場したのが「個人内評価」という方法です。個人内評価とは、一人一人における成長や進歩の状況、よさや可能性などを見いだし、積極的に評価するものです。特別の教科である道徳科と同様な方法で評価されます。指導要録には、特に記載する必要がある場合のみ、「総合所見」の欄に箇条書きで端的に記述するようになりました。

授業づくりのヒント

単元の目標に「人間性等」に関わる事項を設定する

「人間性等」に関わる事項は、評価の難しさがありますが、すべての教科の目標に位置付いていますから、いずれの教科においても指導と評価を重視したいところです。特に社会科には、社会の形成者に必要な公民としての資質・能力の基礎を育成するという役割がありますから、「地域社会に対する誇りと愛情、地域社会の一員としての自覚」などを養うことは極めて重要なことです。これらの資質が十分養われていない状況では、よりよい社会の形成に主体的に参画しようとする意欲や態度を発揮することが期待できないからです。

誇り、愛情、自覚といった「人間性等」に関わる事項は、周囲の人には目に見えにくいものです。そのため、子どもに自らの思いや願いなどを書かせたり、意見として表明させたりして「見える化」する必要があります。具体的には、書く・話すといった言語活動と一体に指導することによって、一人一人の学習状況を捉えることができるようになります。

その際、知識や技能の習得や思考力、判断力、表現力などの育成など、ほかの「資質・能力」との関連を重視します。誇りや愛情、自覚などの心情だけが単独に養われていくことは考えにくいからです。

また「人間性等」に関わる事項は、知識や技能のように短時間で養われるものではありません。思考力、判断力、表現力などの能力と同様に、少なくとも単元の学習をとおして長い目で捉え評価するようにします。できれば学期や年間を通じて、長期的な視点で評価することが重要です。

今後、「人間性等」に関わる事項は観点別評価を行わないことから、また指導要録の「学習の記録」の欄に位置付いておらず、「A・B・C」の基準を設定して判定し記載しなくなることから、やがて単元の目標に示されられなくなり、評価の対象から忘れられることが危惧されます。授業者の意識から遠ざかっていくことが心配されます。

何より重要なことは、「人間性等」に関わる事項が学習指導要領の目標に位置付けられていることの趣旨を理解するともに、単元の目標として設定して、常に意図的、継続的に指導することが肝要です。

総論
07

なぜ？「問題解決的な学習」が重視されているのですか。

「問題解決的な学習」で育つ「3つの資質・能力」

社会科の授業においては、伝統的に「問題解決的な学習」が展開されてきました。問題解決的な学習とは、教師が知識を一方的に教え込む授業ではなく、子どもたちが知識を主体的に学び取っていく授業のことです。

社会科が教科として発足した当時は「問題解決学習」と言われていましたが、いまでは実践に多様性と幅をもたせる意味から「問題解決的な学習」と言われています。社会科において問題解決的な学習が伝統的に重視されてきたのは、子どもたちが問題解決的な学習を繰り返し体験することにより、社会を生きていくうえで必要となる次のような「３つの資質・能力」を身につけることができるからです。

その一つは、問題解決的な学習をとおして「問題解決能力」を身につけることができます。具体的には、問題を発見する力、問題解決の計画を立てる力、自力で問題解決する力、学習成果を自己評価する力などです。これらは社会科学習において必要とされるだけでなく、社会人として生きていくためにも必要なものです。私たちの人生は毎日が問題解決の連続だからです。

その二つは、問題解決的な学習は能動的な学びですから、学習に対して主体的、意欲的に取り組む態度が育ちます。意欲ややる気は自己を教育しようとする力につながりますから、これらの資質は一生ものと言えるでしょう。生涯学習は人生における自由研究です。生涯にわたって学び続けようとする意欲や態度は、生涯学習社会において重要な資質・能力だと言えます。

いま一つは、社会科においては社会に対する理解・認識を深めることができることです。自ら学んで習得・獲得した知識は本物です。実際に調べ考えて身につけていますから、納得感も違います。社会科の学力である社会認識を深めるためにも問題解決的な学習は重要な役割をもっています。

授業づくりのヒント　問題解決的な学習の方法（魚のとり方）を指導する

問題解決的な学習は、一つの単元において、「学習問題をつくる」⇨「予想し学習計画を立てる」⇨「調べる」⇨「まとめる」⇨「いかす」といった学習過程を基本にしています。問題把握→追究・解決→整理・考察→活用という言い方もあります。いずれにおいても、問題を明確にして、それを解決し、一定の知識（概念）を獲得していく学習のことです。

近年の社会科教科書も、子どもたちに問題解決的な学習を促し、教室での授業を支援する観点から、このような筋道で編集されています。

問題解決的な学習を押し進めるうえでこれまでの指導で抜け落ちていた事項に、問題解決的な学習の方法があります。授業者は社会科の授業展開を頭に描いているのですが、子どもたちにはその地図が描かれていません。これでは「主体的な学び」が展開されているとは言えないでしょう。

ある学級で、社会科の授業を参観したときのことです。挨拶のあと、授業者がいきなり「これから新しい単元に入ります」と言いました。すると、子どもたちから一斉に「先生、今日は学習問題をつくるんだね」と返ってきました。子どもたちに社会科の学習の筋道が指導されていたのです。教室には「社会科学習の進め方」を示した掲示物がありました。

わが国の学校では、学習内容を身につけさせることには多くの時間とエルネギーを費やしてきましたが、「学び方」についての指導はそれほど重視してこなかったと言われています。教材と言えば、そのほとんどが学習内容を身につけさせるためのものでした。次のようなフレーズがあります。

> おなかのすいた子どもに、一匹の魚を与えれば、その日だけの食べ物にしかなりません。しかし、魚のとり方を教えれば、一生の食べ物をあげたことになります。

問題解決的な学習の方法とは「魚のとり方」です。「学び方」であり「学習技能（ラーニングスキル）」です。先に紹介した「社会科学習の進め方」は学び方を身につけるための教材（資料）です。

なぜ？ 「情報活用」の技能を身につけることが求められるのですか。

学習効果を高め、よりよい社会生活を営むために

子どもたちに情報モラルを含む「情報活用能力」を育成することが、学習指導要領の総則に示されています。社会科においては、これまでも「資料活用能力」という名称で実践され、評価の観点にも「観察・資料活用の技能」がありましたから、新しい課題として意識することがないかもしれません。

ここでは、これからの学校教育において「情報活用」の技能を身につけることの必要性を改めて整理します。

まず、活用する対象としての「情報」の捉え方です。これには次の２つがあります。その一つは、ハード的な意味あいをもつ情報です。具体的には、情報機器と言われるもので、インターネットや携帯電話、タブレット型端末などのことです。コンピュータなどの情報通信技術（ＩＣＴ）は常に進歩し続けており、効果的に活用するには技能の継続的な習得が求められます。

いま一つは、ソフト的な意味の情報です。これらは、情報機器で収集したり発信したりするものです。情報機器以外のテレビや新聞、雑誌などのメディアから発信される情報も含まれます。

こうした趣旨の情報活用の技能が社会科においても求められるのは、社会科で求められている「資質・能力」を効果的に育成するためです。すなわち、授業の質をさらに向上させるために、目的に応じて情報や情報技術を手段として適切に活用する技能を身につけることが求められます。

情報化によって大きく変化している社会において、様々な人たちと協働しながら、主体的、創造的に新たなものを生み出していくためには情報活用の技能が不可欠です。ここでは、情報や情報技術を生活や社会のなかで活用できるようにすることが大切です。こうした趣旨を授業において実現していくためには、まずは各学校の情報環境を整備することが重要です。

授業づくりのヒント　「情報活用」の技能とは何か

情報機器を活用した授業は、あらゆる教科等で実践が可能です。ここでは、主にソフト的な側面から、社会科の授業における情報活用の技能について考えます。

社会科で活用される情報には、教科書や資料集に掲載されている地図やグラフ、写真、年表、文章などの資料などがあります。新聞や図書、ＤＶＤなどもあります。これらの情報を活用して問題解決する際には、次のような手順で活動を展開します。場面によっては省略されるものもあります。

①　**情報の収集**：問題解決に必要な資料を集めます。収集した資料の必要性には、温度差がある場合もあります。

②　**情報の選択**：必要な情報を選びだすことです。資料分析の優先順位を考えることでもあります。

③　**情報の分析**：ここが情報活用の中核です。ここでは、学習問題や学習計画にもとづいて、資料を読み取り、必要な情報を取りだします。

④　**情報の整理**：分析して得た、問題解決に必要な情報を図表や関連図などに整理します。

⑤　**情報の考察**：整理した情報をもとに課題に正対して考察し、問題解決を図ります。

⑥　**情報の活用**：これは狭義の情報活用です。習得・獲得した知識や見方・考え方などの情報を次の学習での問題解決やよりよい生活の改善や社会の形成のために生かします。

⑦　**情報の発信**：問題解決して得た情報を社会に発信します。場合によっては、第三者から情報に対して評価を受けます。

情報を正しく活用して問題解決できるようにするため、情報の出典を確認する、情報を発信する際には他人の人権を尊重する、個人情報の漏洩に十分留意する、著作権を侵害しないなど情報リテラシーを身につけ、情報モラルについても指導します。

総論
09

なぜ？「言語能力」の育成が求められているのですか。

学びの質を高め、社会人として求められる能力

学習指導要領総則には「言語能力」を育成することについても示されています。言語能力は「読む、書く、聞く、話す」といった様々な言語活動を通じて育成されます。言語活動と聞くと、国語科の授業を連想しがちですが、言語活動の充実という課題は従来からあらゆる教科等の学習指導において求められてきました。

授業において、子どもたちは常に言語という道具を使って、自分の考えをまとめたり発信したりします。友だちの考えなども主に言語をとおして理解します。子どもたちの学習は言語（言葉）を読み、書き、聞き、話しながら展開されており、子どもの言語活動と授業とは一体の関係にあります。

また、授業においては、教師の言語活動も行われており、授業は子どもたちと教師による言語を媒体にした協働作品です。そこで展開される言語活動の質は授業の質そのものです。子どもたちが言語能力を発揮しながら授業に主体的に参加・参画することによって、授業の質が担保されます。

一方、社会に目を転じてみると、様々な人たちが違いを認め合い、支え合いながら社会生活を営んでいます。そこでは言語をとおして意思が疎通されています。このことは、言語という道具の活用能力を身につけることによって、より深い人間関係が形成され、そのことによってよりよい社会が形成されることを意味しています。逆に、言語能力が乏しい状況では、自己表現が十分にできず、対象や他者に対する理解も深まりません。言語能力は社会人として成長するために必要不可欠な重要な資質・能力だと言えます。

いま、人との十分な関わりがつくれない子どもが増えていると言われています。子どもの学習活動を支え、人との関わりをつくるためには、言語能力が不可欠であり、それを育てるための指導を一層充実させる必要があります。

授業づくりのヒント　学び合いの中核は話し合い活動

社会科の授業において、子どもたちにいかに言語能力を育てたらよいのでしょうか。「読む、書く、聞く、話す」能力は「読む、書く、聞く、話す」といった言語に関する具体的な活動を充実させることによってはぐくまれます。その結果、言語に関する能力が総合的に育成されていくものと考えられます。

学級は協働的に学び合う場です。学び合いを成立させる道具は言語です。言語活動のなかでもとりわけ重要な活動は「話し合い活動」です。話し合うことには、多様な考えなどを聞いて、自分の考えをより確かな内容に高めていくという個人の視点と、多様な考えなどをもとに、みんなでよりよい考えを創り出していくという集団の視点があります。

話し合う（討論）という学び合いを充実させるためには、次のような視点を重視します。

- **討論のテーマ**（何について討論するのかを明確にします。テーマは「スーパーマーケットについて」というより、「スーパーマーケットの人たちがいろいろな工夫をしているのはなぜか」といったように疑問詞（ここではＷｈｙ）を含めると、論点が明確になります。）
- **事前の学習**（討論に当たっては、討論に必要とされる学習内容を事前に習得させておき、自分の考えをしっかりもたせておきます。）
- **討論の仕方**（意見表明の仕方、話し合いのルールやマナーなど、話し合いに必要な技能や態度について指導しておきます。）

話し合い活動（討論活動）を充実させるためには、「聞く、話す」活動のほか、「読む、書く」活動との関連を図る必要があることは言うまでもありません。

言語活動をとおして学び合うことによって、学習事項の定着を図ることができると同時に、思考力、判断力、表現力などの能力や主体的に学ぶ態度をはぐくむことができます。ここに言語能力の効用があります。

言語能力については、拙著『言語活動は授業をどう変えるか』（文溪堂）で詳細に論述していますので、参考にしてください。

なぜ？「学習問題」が「学習の問題」と表記されているのですか。

法令上の問題、従来どおり「学習問題」でよい

社会科の授業に関わっている立場から見ると、「学習問題」という表記に何の違和感もありません。算数科や理科などでも使用されてきました。学習問題とは解答を要する学習上の問題（課題）ということです。問題を問いや疑問と言い換えてもよいでしょう。

ところが、一般的に「○○問題」と言えば、どのような印象をもつでしょうか。社会には、環境問題、人権問題、女性問題、人口問題、社会問題など様々な課題があります。例えば環境問題とは、環境に関わって解決すべき課題のことです。環境そのものに解決すべき問題があるという意味で使われています。ここで使われている問題には、やっかいなこと、面倒なことなど、問題点やトラブルといった趣旨があります。

こうした趣旨で学習問題という用語を捉えると、学習に関わって何か問題やトラブルがあるのかといった印象を与えかねません。こうした誤解が生まれないよう、学習指導要領ではあえて「学習の問題」と表記しています。社会科の授業においては、追究し解決する学習上の問題という意味です。

学習指導要領は文部科学大臣によって告示される公文書です。学習指導要領は法律ではありませんが、法的な拘束性をもっています。そのため、告示に先立って、政府内で表記に対して法令としての審査を受けています。その結果、「学習の問題」に改められたものと思われます。

今後、授業における使用方法が話題になりますが、このことは教育内容ではなく、用語の表記の問題ですから、社会科においては従来どおり「学習問題」と表記して何の問題もありません。ちなみに、『小学校学習指導要領解説　社会編』では、学習指導要領に示されている「学習の問題」を「学習問題」と言い換えています（19ページ）。

授業づくりのヒント　単元と単位時間の「めあて」を関連付け、構造化する

授業の「めあて」は、学習や問題解決の方向を指し示すものですから、授業において「めあて」の設定は不可欠です。近年、子どもたちに「めあて」を意識させることが、1単位時間（45分）の授業だけでなく、単元レベルにおいても重視されています。

一般に、単元を貫く大きなめあてを「学習問題」と言い、本時のめあてを「課題」と表したり、「めあて」と言ったりしています。社会科の授業を構想する際には、単元の「学習問題」と本時の「課題」との関連性を明確にしておく必要があります。本時の課題は、単元全体が問題解決的に構想されることを想定して設定します。8時間扱いの単元の場合、単元の学習問題と本時の課題は次のように構造化されます。

①　〇〇について調べて、学習問題をつくりましょう。
②　学習問題について予想し、学習計画を立てましょう。
③　〇〇はどのようになっているのでしょうか。（本時の課題追究１）
④　〇〇はどのようになっているのでしょうか。（本時の課題追究２）
⑤　〇〇はどのようになっているのでしょうか。（本時の課題追究３）
⑥　調べたことを〇〇などに整理しましょう。
⑦　整理したものをもとに、学習問題について考えをまとめましょう。
⑧　〇〇するにはどうしたらよいのでしょうか。

「単元のめあてを言うとき、学習問題がよいのですか。学習課題がよいのですか」「学習問題と学習課題の違いは何ですか」などの質問を受けることがあります。言葉の使い方はいずれでもよいと考えますが、用語の使い方を学校として区別し、校内で統一しておくとよいでしょう。

「学習問題」と「課題」のプレートを作成して板書している学校もあります。いずれも問題解決的な学習における入口です。これは学習の出口で確認される大切な学習の目標です。

総論
11

なぜ？

「選択・判断」することが重視されているのですか。

人生は判断（選択と決定）する行為の連続

例えば４年の地域の伝統や文化の保存や継承に関する内容に関連して「自分たちにできることなどを考えたり選択・判断したりできるよう配慮すること」とあります。学習指導要領にはこうした記述が各学年に見られます。

これまでも自分（たち）にできることを考えるという活動は実践されてきました。これまでの活動に「選択・判断」するという活動が加えられていることにポイントがあります。

「考える」という行為には「選択・判断」することが含まれますが、「考える力」のことを「思考力」と置き換えると、「選択・判断する力」を端的に言い表すと「判断力」のことです。「思考力、判断力、表現力」の思考力と判断力に相当することがわかります。その意味で、筆者は「選択・判断」と表記しなくても「判断」だけで十分だと考えます。判断するとは、いくつかのなかから必要なものを選んだり、これからのことを決めたりする行為だからです。すなわち、判断するとは選択したり決定したりすることです。

なぜ、判断力を育てることが重視されているのでしょう。それは私たちの毎日の生活が選択と決定の連続だからです。人生において様々な問題場面に遭遇し、よりよく対処することが求められます。熟慮することができる場合と即決しなければならないときがあります。そのようなときに必要となる力が判断力です。これまで思考力や判断力の育成が叫ばれてきましたが、判断力に対する関心はけっして高くありませんでした。評価の観点に「思考・判断・表現」とありますが、思考力と表現力をもって評価してきた実態があります。判断力については十分な評価が行われてきませんでした。

学習指導要領で「選択・判断」が重視されているのは、社会生活においてよりよく判断し、社会に貢献・参画できるようにするためだと言えます。

授業づくりのヒント

判断力育成のポイントは子どもに選択・決定させること

社会科授業において「生きる力」としての判断力を育てるためには、子どもたちに選択したり決定したりする場面を設定し、そうした活動を子ども自身に求めることです。例えば選択する場面は、問題解決的な学習において次のように設定することができます。

- 学習問題を追究する課題や視点を複数設定し、子どもの興味・関心や問題意識にもとづいて選択させる。(課題選択)
- 問題解決に必要な資料を複数用意し、子どもの学習計画にもとづいて選択させる。(資料選択)
- 事例や事例地を複数用意し、共通の学習問題を設定したあと、子どもに一つの事例等を選択させて追究させる。(教材選択)
- 調べたことを整理させるとき、これまでの経験を生かして適切なまとめ方を選択させる。(学習方法の選択)
- 自分にできることをまず羅列的に提示させ、それらのなかから必要性や緊急性、実現性のあるものを選択させる。(生き方の選択)

これまでややもすると、教師の敷いたレール(指導計画)にもとづいて、次の学習活動を子どもたちに指示し、子どもたちはそれに従って受動的に学習に取り組んでいた傾向があります。これからは、子ども自身に調べ方やまとめ方など学習の仕方を決めさせることも必要になります。そこでは責任のある活動を促すとともに、終末には自己評価させます。

子どもたちに選択・決定させるとき重要なことは、どうしてそれを選択したのか。どうしてそのように決定したのかなど、判断の根拠や理由を明らかにさせることです。こうした問いかけをすることによって、科学的、合理的に筋道の通った判断をすることの大切さに気づかせることができます。事実にもとづいて公正に判断することはとても重要なことです。

判断力の育成については、拙著『思考力・判断力・表現力を鍛える新社会科の指導と評価』(明治図書出版)に詳しく論述されています。

なぜ？「3年と4年の目標や内容」が分けられたのですか。

3年は市区町村、4年は都道府県の学習

学習指導要領に3年と4年の目標や内容が、それまでの学年ごとから2学年一括して示されるようになったのは、平成10年版からです。教科書は、「3・4年上」「3・4年下」のように、中学年を意識して編集されました。2学年が一括されたことに対して、当時次のように説明されました。

> 中学年の社会科は地域学習です。その地域の状況は学校によって異なります。農村地域にある学校もあれば、住宅地区にある学校もあります。2学年という幅で目標や内容が示されたのは、各学校が2学年を視野に入れて、地域により密着した社会科を実践できるようにするためです。子どもの実態や地域の実情を踏まえて、学習指導要領の内容を2学年に振り分けます。

このことは、各学校の主体性、自律性を尊重し、特色ある教育活動を展開するという趣旨に沿ったものでした。

しかし、20年近く実践されてくると、次のような課題が顕在化してきました。まず、3年と4年の実践単元が固定化し、単元の構成に学校や地域による特色が見られなくなったことです。また、3・4年をとおして身近な地域や市区町村の教材が中心に取り扱われ、4年に進級してからも県全体に目を向けることが少なかったことです。そのため、5年になり、広く国土の学習を行うようになると、つまずく子どもが増えてきました。

そこで、3年の学習対象は市区町村、4年は都道府県とし、これまで以上に県に対する理解を深めるようにシフト替えがされたと言えます。「自分たちの県の地理的環境の概要」を理解させる学習が4年の冒頭に位置付けられたことは、その象徴と言えます。

授業づくりのヒント　3年と4年の内容の全体構成を捉える

社会科の指導計画は、学習指導要領の「内容」に即して作成されます。そのため、どうしても当該の「内容」にのみ目がいきがちです。単元の指導計画を作成するとき、「木を見て、森を見ず」にならないよう、まずは「森」にあたる学年の単元構成を把握しておくことが大切です。

3年と4年の「内容」は、それぞれ次のように構成されています。ここでは、〔　〕内は主として関わりのある社会を見る目を表しています。また、学習対象は、主として「面」として学ぶ内容（概要を捉える学習）と、具体的事例を取り上げて「点」として学ぶ内容（具体を学ぶ学習）に区別されます。「面」の学習には、空間軸で学ぶ地理的な内容と、時間軸で学ぶ歴史的な内容があります。公民的な単元は、社会システム軸による学習内容です。

【3年】

(1) 身近な地域や市区町村の地理的環境	（面）	〔地理〕
→(2) 地域に見られる生産や販売の仕事		〔公民〕
→(3) 地域の人々の安全を守る働き（消防署、警察署の働き）	（事例（点））	〔公民〕
(4) 市区町村の移り変わり	（面）	〔歴史〕

【4年】

(1) 自分たちの都道府県の地理的環境	（面）	〔地理〕
→(2) 人々の健康や生活環境を支える事業		〔公民〕
→(3) 自然災害から人々を守る活動	（事例（点））	〔公民〕
→(4) 県内の伝統や文化、先人の働き		〔歴史〕
(5) 県内の特色ある地域の様子	（事例（点））	〔地理〕

このように、3年では市区町村が主な学習対象であり、4年では子どもの視野を広げ、都道府県が学習対象になっています。4年では、これまで以上に県に対する理解と関心をもたせる指導が求められます。5年では、4年での都道府県に対する理解をもとに、わが国の国土の学習に発展させます。

3年13

なぜ？「市の様子」に重点を置いて指導するのですか。

身近な地域に留まらせず、市全体に目を向けさせる

学習指導要領３年の「内容の取扱い」には、身近な地域や自分たちの市の様子の学習に関連して、「『自分たちの市』に重点を置くよう配慮すること」と示されています。これは、これまで本単元が「学校のまわりの様子」と「市全体の様子」から構成されていたことを想定して、後者を重点的に指導するとしているものです。「重点を置く」とは具体的にどういうことでしょうか。端的に言えば「市全体の様子」の指導時間を「学校のまわりの様子」よりも多くかけるというものです。具体的には、活用したり作成したりする資料の数や学習活動の内容に関わってきます。

こうした配慮事項が示されているのは、第１単元がこれからの３年の社会科学習のオリエンテーションとしての役割を果たし、早い時期から市全体の概要を捉えさせるという意図があります。本内容について「学年の導入で扱う」と示しているのはこうした趣旨です。

本単元では「学校のまわりの様子」の学習を軽視してもよいということではありません。学習指導要領には「市の様子」と同様に、身近な地域（学校のまわり）の様子についても「大まかに理解すること」を求めているからです。また、身近な地域の様子を捉え、「場所による違い」があることを考えることが「市の様子」と同様に示されているからです。学習内容はこれまでと変わるものではありません。指導時間を極端に少なくすると、身近な地域での観察や調査活動や白地図への表現活動が不足し、地理的な基礎知識が習得されず、地理的な見方・考え方が十分育たないことになりかねません。

３年では新たに消防署や警察署の働きを扱うようになり、指導時間が足りなくなることが危惧されます。軽重をつけるという配慮事項は、こうした指摘に対するものとして受けとめることもできます。

授業づくりのヒント　地理的な視点で生活科の学習と関連付ける

学校のまわりの様子の学習には、これまでのように時間をかけることができなくなります。市の様子を調べる学習と比べて少ない時間で扱わなければなりません。どのような工夫が求められるのでしょうか。

まずは、学校のまわりは場所によって様子が違うことをいかに理解させるかを教材研究することです。その際目を付ける視点は、地形や土地利用、交通などです。地形に関連して、一般には、土地の高いところ、低いところ、海岸に面したところなどを言います。また、土地利用については、工場の多いところ、商店が多く賑やかなところ、住宅が集まっているところ、田畑が広がっているところといった言い方もあります。最終的には、学校のまわりがどのような様子のところなのかを把握できるようにします。

学校のまわりの様子の学習を踏まえて、「学校のまわりと同じように、市も場所によって様子が違うのだろうか」という学習問題を設定し、これまでの学習で身につけた地域を見る視点や調べ方を生かして、観察や調査を行い、わかったことを白地図にまとめる活動を展開していきます。

こうした学習の過程で、四方位や八方位、主な地図記号、地図の描き方や読み取り方など地図に関する基礎的な知識や技能を身につけます。３年から地図帳が給与されていますから、この時期に、地図帳の構成をはじめ、見方や活用法についても指導し、地図帳に関心をもたせるようにします。

次に大切な工夫は、生活科の指導のあり方です。生活科の２年でも学校のまわりを探検する活動が行われています。しかし、生活科の指導において、３年の社会科学習でも同じように身近な地域を対象に学習されていることがほとんど意識されていません。生活科の授業で、建物などの位置関係を「上、下」「右・左」などと言わずに、東西南北の方位で表すことができることを指導することも必要でしょう。また、子どもたちが興味をもつ地図を使ったり、床地図などに表したりする活動を組み入れることが、生活科から３年の社会科への発展的な関連を図るうえで重要な生活科の授業改善のポイントと言えます。

カリキュラム・マネジメントの観点から、3年の社会科への発展を意識した生活科の「町たんけん」のあり方が問われています。

3年 14

なぜ？「生産と販売の仕事」の学習内容が違うのですか。

学習内容の違いは指導方法を変える

平成10年版の学習指導要領には、地域の人々の生産や販売について「それらの仕事に携わっている人々の工夫を考える」と示されていました。ここでは、各学校で「農家、工場、商店などの中から選択して取り上げ」ていましたから、「人々の工夫」は共通のキーワード（概念）でした。

その後、平成20年版では、学習内容は変更されないままに、「生産」については農家、工場などのなかからいずれかを選択し、販売については「商店」を取り上げるように示され、生産と販売の両方を取り扱うようになりました。ここでは、共通の学習内容（概念）の獲得を目指して、生産と販売の2つの事例で繰り返し学習が行われました。

今回の学習指導要領では、生産と販売という経済活動の違いを踏まえて、それぞれに学習内容と調べる事項の違いを次のように明確に区別しています。これによって、3年の学習の広がりと深まりをもたせています。

- 仕事の種類、産地の分布、仕事の工程に着目して調べ、生産の仕事は地域の人々の生活と密接な関わりをもって行われていることを理解する。
- 消費者の願い、販売の仕方、他地域や外国との関わりに着目して調べ、販売の仕事は消費者の多様な願いを踏まえ売り上げを高めるよう工夫して行われていることを理解する。

このように、生産と販売の仕事の学習では最終的に獲得させる概念的な知識が異なるだけでなく、それを獲得するための追究の視点（着目すること）や具体的な知識においても違いがあります。農家と工場については、調べるときに着目する事項は同じですが、具体的な知識は違ってきます。

授業づくりのヒント　生産と販売の学習－発想を変えた単元構想を

生産（農家、工場）の仕事の学習と販売の仕事の学習とは、前述したように扱い方が根本的に違うことに留意します。

生産と販売の活動は共に経済活動であることから、両者には当然共通点もあります。授業では生産と販売の両者の仕事を扱うことから、それぞれに違いをもたせる必要があります。そのためには、これまでの取り扱い方にとらわれない発想の転換が求められます。

生産（農家、工場）の仕事についての学習では、いきなり農家や工場を選択して、仕事の工程を調べるのではありません。子どもたちにとって、野菜や工業製品などがどのようにつくられているかを調べることはとても興味があることです。しかし、そのまえに、市全体で営まれている農家や工場での生産の概要を捉えさせます。

具体的には、市で生産されている農作物や工業製品の種類やそれらの生産地の分布（農家や工場の広がり）を調べます。ここではグラフや地図などの資料を活用して、市で営まれている生産活動の概要を捉えさせます。これが「仕事の種類、産地の分布」に着目して調べることです。その際、第１単元の学習で作成した「市の様子」の地図などを活用するとよいでしょう。そのうえで、典型的な農家又は工場を一つ選択し、生産の工程について調べます。ここでは、見学・調査活動を行います。

一方、販売の仕事に関する学習は、消費者の消費活動における願いを調べる調査活動からスタートします。消費者の願いがどのように実現されているかという問題意識で、スーパーマーケットなど身近な商店での販売の仕方を調べます。仕事に見られる工夫は、売り上げを高めることにつながっていることに気づかせていきます。その際、販売されている品物をとおして、販売という活動は他地域や外国とも関わりがあることに目を向けさせます。

本単元は、地域で働いている人たちの仕事についての学習であり、キャリア教育としての役割もあります。身近な生産や販売活動をとおして、地域で働き、地域の人々の生活を支え、地域に貢献している人たちの働きについて学ばせる重要な機会でもあります。

なぜ?

「消防や警察」が4年から3年に移行したのですか。

安全・防災教育の充実を目指すもの

これまでの3・4年の目標や内容は、2学年一括して示されていましたから、学習指導要領の上では「消防や警察」が4年で扱われていたという言い方は必ずしも正しくありません。ただ、これまでの各学校の実践や教科書や副読本の構成を見ると、4年での扱いになっていましたから、3年に移行したと受けとめられても不思議ではありません。

これまでは、地域社会における災害について「火災、風水害、地震など」から一つを選択して取り上げるようになっていました。ほとんどの学校や副読本では、「火災」が取り上げられてきました。子どもたちに身近であることから、また、以前から指導されてきましたから、当然の選択だと言えるでしょう。ところが、選択の対象に大きな問題点がありました。

「火災、風水害、地震」のうち、火災は主として人間の不注意などによって起こる人災です。一方、風水害、地震は人間の努力や過失を越えた天災です。人災と天災を混在させたなかから選択することは、天災と人災のいずれか一方が扱われなくなることを意味しています。言い換えれば、学習指導要領に風水害、地震などと示されているにも関わらず、取り上げられないことは、防災教育が十分に行われてこなかったということです。

こうした学習指導要領の実施上の課題を踏まえ、安全・防災教育を充実させる観点から、交通事故などとともに、火災の事例を3年に移行し、消防署や警察署などの働きを扱うようになりました。これによって、4年では自然災害について重点的に扱うことができるようになりました。

3年で火災や交通事故などを指導することは難しくないかという声も聞かれますが、昭和43年版の学習指導要領では、2年で「交通事故、盗難、火災」が、3年で「風水害や火災」が取り上げられていました。

授業づくりのヒント　火災と交通事故－事例は違うがゴールは同じ

「地域の安全を守る働き」についての学習は、「火災からくらしを守る」消防署などの活動と「事故や事件からくらしを守る」警察署などの活動の2つの小単元から構成されます。ここでは、いずれの小単元の学習でも、最終的に子どもたちに獲得させる学習内容（ゴール）は同じです。学習指導要領には次のように示されています。

> 消防署や警察署などの関係機関は、地域の安全を守るために、相互に連携して緊急時に対処する体制をとっていることや、関係機関が地域の人々と協力して火災や事故などの防止に努めていることを理解すること。

端的に言えば、消防署や警察署などは、緊急時において対処し、火災や事故などを防止していることを理解させるとしています。「対処と防止」は4年の「自然災害から人々を守る活動」の「対処と備え」につながります。

学習指導要領の「内容の取扱い」に関して『解説』では、「対処」については火災の事例を、「予防」については事故の事例を、それぞれ重点を置いて取り上げることができるとしています。これは、指導時間を軽減する観点から示されている配慮事項であると思われます。

最終的に獲得させるゴールが共に「対処と予防」であることから、次のような授業展開も考えられます。まず、「火災」を事例に「緊急時に対処する体制をとっていること」と「防止に努めていること」をしっかり捉えさせます。「対処と予防」という概念を獲得させたあと、「事故に対しても、火災の場合と同じように、警察署などでは『対処と予防』に努めているのだろうか」という学習問題を設定して、発展的な学びを促します。

こうした学習は、ある事例をもとに獲得した知識をほかの事例に応用・転移することです。「概念的な知識の活用」を促すもので、学びを深めたり広げたりするために重要な活動です。「一つのことを学んで10のことがわかる」ような学びを体験させることは、社会に対する見方・考え方を育てるためにも重要な手だてだと言えます。

なぜ？

「市の移り変わり」を取り上げるようになったのですか。

歴史的な視点から地域を見る目を養う

これまでの3年でも、歴史に関する内容は扱われてきましたが、そこでは道具や文化財、年中行事を取り上げ、人々の生活（暮らし）の変化や願いに焦点が当たっていました。これからは市全体に目を向け、市の様子が時間の経緯に伴って移り変わってきたことを理解できるようにします。

市の様子の移り変わりに重点を置いて扱うようになったのは、自分たちの住んでいる市の歴史的背景に関心をもたせ、歴史的な視点から市に対する理解を深めさせたいという狙いがあります。これは、第1単元での地理的な視点から市に対する理解を深めさせる学習と対比するものです。そのため、着目して調べる事項は、土地利用や交通、公共施設など両者に共通点があります。第1単元の学習は「いまの市の様子」ですが、ここでの学習は「これまでの市の様子」です。市の歴史的な背景を学ぶ本単元は、地理的環境を学んだ第1単元の学習と一体の関係にあります。学年をとおして、市に対する多面的な理解を深めさせるものです。3年における歴史学習をこれまでより充実させようとしているのです。

3年においてどれくらいさかのぼるのかという、時間軸の問題があります。各市町村の実情によっても変わってきますが、4年で取り上げられる地域の発展に尽くした先人の働きについての学習を想定すると、3年では大正時代や明治時代までおよそ100年ぐらいを目処にするとよいでしょう。

町村合併が行われ、市などの名称が変更された地域もあります。例えばさいたま市は浦和市と大宮市と与野市が合併して平成13年に生まれました。その場合にも、現在の市の広がりに目を付けて過去にさかのぼり、移り変わりを調べさせます。現在の市が誕生してからの移り変わりを調べるだけでは、地域によっては時間の幅の小さい歴史学習になりかねないからです。

授業づくりのヒント　「主語」に注目して単元を構成する

「主語」に注目するとは、学習指導要領に学習内容（知識及び技能）として示されている事項の主語がどうなっているかを見極めるということです。「市の移り変わり」に関して、「市や人々の生活の様子は」と示されています。このことは移り変わりを調べ理解させる対象が、市の様子と生活の様子の2つであり、それぞれの移り変わりであることを意味しています。

このことを素直に受けとめると、本単元の学習問題は「人々のくらしや市の様子はどのように変わってきたのだろうか」になります。3年の子どもにとって、暮らしと市の様子の変化を同時に調べることは高度なことです。

そこで、ここではまず「人々のくらしはどのように変わってきたのだろうか」という学習問題を設定して、家のなかに目を向けて道具を事例に調べさせます。こうした学習はこれまでも実践されてきました。そのうえで、次に、家の外に目を向け、「市の様子はどのように変わってきたのだろうか」を学習問題にします。人々の暮らしを事前の学習とし位置付け、市の様子に重点を置いて単元を構成する方法と、両者を並列的に扱う方法が考えられます。いずれにしても、「主語」に注目して、単元を2つのステップで構成することが3年らしい分かりやすい歴史学習にするポイントです。

「3年の子どもに市の歴史を学ばせることは高度ではないか」という声が聞かれますが、昭和43年版の学習指導要領では、3年で自分の学校の沿革や市に残る史跡や記念碑などを調べ、およそ100年にわたる市の様子の変化を年表にまとめる活動が実践されました。3年の子どもに今昔の違いや移り変わりという概念や見方を養うことは可能であるし、歴史認識を育てるために必要なことだと言えます。当時の単元は「学校の移り変わり」と「市の様子の移り変わり」の2つの小単元から構成されていました。

本単元は歴史的な見方・考え方を育てる単元です。そのためには、年表の役割を理解させ、年表の読み方や書き方を身につけさせます。明治、大正、昭和、平成、令和といった元号や○○年前や△△年前、「祖父母の子どものころ」「父母の子どものころ」などの時間軸をもって、歴史的事象の時期や前後関係、変化・変遷を捉える力を育てます。

3年17

なぜ？ 着目する事項として「生活の道具」が示されているのですか。

身近な事例で歴史に関心をもたせる

古くから残る暮らしに関わる道具やそれらを使っていたころの暮らしの様子を調べる学習は従来から実践されてきました。今回の学習指導要領では「市の移り変わり」を調べることに大きく舵を切りました。にもかかわらず、「市の移り変わり」を調べる際に着目する事項を見ると、交通や公共施設、土地利用や人口に並んで、生活の道具が示されています。人々の暮らしに関わる「生活の道具」が着目する事項として残されています。

前者の４つが市の移り変わりを見る際の窓口であるのに対して、生活の道具はそれらとは質が違います。むしろないほうがすっきりするという指摘もあります。また、授業時数との関係を考慮すると、削除すべきだったという声も聞かれますが、削除することができなかった事情があるのでしょう。「内容」の記載を丁寧に見ると、冒頭には「市の様子の移り変わりについて」と示されているのですが、「知識及び技能」の項には「市や人々の生活の様子は」と、主語の内容が拡大されています。

「生活の道具」を取り上げる理由を次のように考えることができます。「生活の道具」とは衣食住や仕事などに関わる道具です。これらはいわば生活に見られる文化です。先人の生活文化に触れさせることは、わが国の歴史や伝統に対する理解と関心を深めることにつながります。「生活の道具」を社会科における伝統文化教育の一貫として扱うことになります。

第１単元の学習は、まず学校のまわりの様子を調べてから、市の様子を調べる学習に発展させています。これと同じように、本単元でもまず「生活の道具」をとおして身近な生活の移り変わりに関心をもたせ、次に市全体の移り変わりを調べさせるというステップを踏むことができます。「家のなか（暮らし）」を調べて、次に「家の外（市全体）」を調べるという学習の流れです。

授業づくりのヒント　昔の道具を実体験する活動は必要か

これまでの「昔の道具調べ」の学習を振り返ってみると、例えば、たらいと洗濯板を使って実際に洗濯する。七輪で火を起こして餅を焼いて食べる。天秤ばかりで物の重さを計るなど、実際に道具を使うという体験的な活動が行われてきました。そこでは、子どもたちが楽しく取り組む姿が見られ、先人の工夫や苦労に気づかせることもできました。実際に体験することの価値と大切さが確認されました。

ところが、こうした取り組みに対して、次のような批判が出されました。まずは、総合的な学習の時間が創設されたことを踏まえて、社会科授業との違いです。社会科の授業として成立しているのかといった指摘は本質をついたものです。社会科は社会のことを理解・認識させる教科だからです。道具に見る工夫や人々の知恵に気づかせることで留まらせず、それらの道具が使われていた社会の状況に目を向けさせなければなりません。さらに、体験的な活動を組み入れるときには、そのための時間をどう生みだすかという問題もあります。

「活動あって学びなし」などと言われています。授業が楽しいことは必要なことですが、それだけでは十分な授業だとは言えません。体験することそのものを目的化することなく、体験をとおして、社会科として何を学ばせるのかを明確にしたうえで取り組ませたいものです。

体験的な活動を取り入れると、予想以上に時間がかかります。限られた授業時数のなかで指導時間に見合った学習効果を得ることができるかを十分吟味する必要があります。一つの工夫として、総合的な学習の時間との関連を考え、社会科から発展させることができます。

なお、「生活の道具」として何を取り上げるかという課題もあります。一般的には、洗濯、暖房、明かりなどが取り上げられていますが、できるだけ身近に観察できる道具がよいでしょう。地域の郷土資料館や博物館を見学する機会を設けると、子どもたちは昔の道具を身近に捉えるようになります。学校が博物館などと連携して利活用することを「博学連携」と言います。

校内の余裕教室を活用して、昔の道具や写真などを展示した部屋がつくられている学校もあります。

3年18

なぜ？「人口」に関連して少子高齢化や国際化に触れるのですか。

「人口」をとおして地域の課題を身近に捉えさせる

「市の移り変わり」を調べる際に着目する視点の一つに「人口」が示されています。多くの地域では人口が全体として減少傾向にあります。その内実を年代別にみると、子どもの数が大きく減少している一方で、高齢者の数は急激に増加しています。こうした少子高齢化は地域を問わず見られる傾向です。このことは、今後わが国において、生産年齢人口が減少し、社会や産業の持続的な発展と活性化が危ぶまれることを意味しています。

生産年齢人口が減少し、高齢者が急増するなかで、わが国は今後どのような課題に遭遇するのか。人口動態の資料からある程度の予測は可能です。例えば、働き手が不足することによって、産業が衰退し、いまのままでは税金の納付金が減少します。労働者として外国から移り住む人が増え、異文化との摩擦や治安の問題が危惧されます。高齢者への社会保障、医療、介護などにかかる費用が増加します。生産年齢人口の減少と高齢者の増加は、日本社会のあらゆる場面に大きな影響を及ぼします。人口動態の資料を手がかりに、将来の社会像を予測し、将来に備えていまなすべきことを考えることは社会科の重要な役割と言えるでしょう。

グローバル化、国際化の進展に伴って、わが国に居住する外国人が増えてきました。例えば東京・新宿区の場合、住民の12.2%が外国籍です（令和2年1月現在）。これからの社会では、異文化を受け入れ、多文化と共生して生きていくことが求められます。

社会科は持続的に発展する社会の担い手を育てることを究極的に目指しています。「人口」に関連して少子高齢化や国際化に触れることにより、地域が現在直面している課題や将来想定される課題を身近に捉えさせ、それらを手がかりに市の発展を考えさせることができます。

授業づくりのヒント　人口動態の資料をどう作成するか

「人口」に焦点を当てて市の移り変わりを捉えるとき、「市の人口動態」は必須の統計です。この種の資料はこれまでの社会科でほとんど活用されてきませんでした。

3年の子どもの発達段階を考慮すると、年ごとの人口を棒グラフで表した資料が分かりやすいでしょう。資料から、子どもたちは特に減少したところや増加したところに目を付けます。そして「なぜだろうか。何があったのだろうか」と考えます。急激に変化した時期は自然にそうなったのではなく、町村合併や戦争や災害の発生、住宅地の造成や工場の建設など何らかの社会的な動きや理由があります。人口の移り変わりを社会の動きと結びつけて捉えさせることは、複数の社会的事象を関連付けて考えさせることです。こうした見方・考え方は社会を理解するうえでとても重要なことです。

ただ、こうした資料からは、人口全体の移り変わりを捉えることはできますが、市の住民が「少子高齢化や国際化」してきたことに気づかせることはできません。「少子高齢化」とは、子どもの数が減少してきたこと（少子化）であり、高齢者が増加してきたこと（高齢化）ですから、それぞれの絶対数か割合を時間軸で表さなければいけません。各年（または年度）の人口を表した棒グラフに、20歳未満の人口（子ども）と65歳以上の人口（高齢者）に当たる部分を色分けし、それぞれの人口の変化を見える化する必要があります。

または、各年の人口全体に対する子どもと高齢者のそれぞれの割合を示す方法もあります。

外国人居住者の数についても、数10年間のデータを示します。住民全体における割合が少ない地域では実数を示します。これらのデータは市役所で得ることができます。

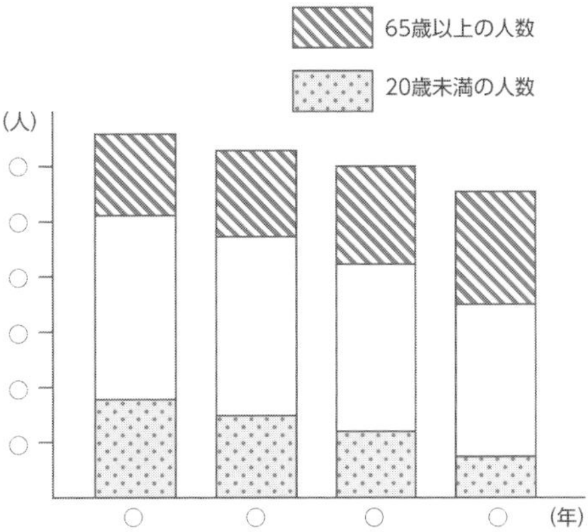

▲少子高齢化を見える化したグラフ(イメージ)

3年
19

なぜ?

「市の発展」を考えさせることが重視されているのですか。

地域社会の担い手としての自覚を育てる

昭和43年版の学習指導要領には、3年の「内容」に「市（町、村）の将来の発展について考えること」とありましたが、その後改訂された、昭和52年版、平成元年版、10年版、20年版の学習指導要領には一切示されてきませんでした。昭和44年に発行された『小学校指導書　社会』には「地域を学び、地域社会の一員としてその発展を願う心情を正しく育てる」と明記されていました。それが、学習指導要領から消滅してから40数年を経た平成29年版において復活したのです。

3年の子どもにこれからの市の発展について考えさせることにどのような意義があるのでしょうか。まずは、社会生活や社会的事象を動的に捉えることです。地理や公民に関することは主として現代を学ぶことです。歴史に関することは過去を学ぶことです。これによって、社会は過去から現代に移り変わってきたことを理解します。その社会は将来に引き継がれます。過去、現代、そして未来につなげて社会を見たり考えたりすることは、空間軸とともに、時間軸をもって生きていくことです。とりわけ未来に対して志向することはこれらの社会を主体的、創造的に生きていくうえで重要な視点です。

社会科においても、持続可能な社会の担い手を育てることが求められています。子どもたちが将来の社会の担い手として成長するためには、未来に対する展望をもたなければなりません。展望とは、社会の将来を広く見わたすことです。これからの市のあり方や発展を考えさせることは、一人一人に社会のなかでの自己の生き方を考えさせることでもあります。

3年の最終単元で「市の発展」を考えさせることには、これからの社会を見据えて自分にできることや社会において大切なことを判断させ、地域社会の担い手としての自覚を育てるという意義があります。

授業づくりのヒント　自分にできることと社会にとって大切なこと

子どもたちにこれからの市の発展について考えさせるには、次のような手だてが考えられます。

まず、市が抱えている課題や住民の願いを資料にして提示します。ここから、今後解決しなければならない課題が見えてきます。住民の願いは立場などによって違ってきますから、子どもたちの課題意識とのズレに気づかせることも大切です。ここでのポイントは、人々の課題や願いは多様化していることです。一筋縄ではいかず、調整が必要なことに気づかせます。

次に、市の人口が今後どのように推移していくか、未来予測をグラフで示します。多くの地域では、今後も少子高齢化が一層進行し、外国人居住者が増えていくことが予想されますから、ここから、市がこれから遭遇するであろう課題を考えさせます。

さらに、市が作成している将来のプランやビジョンを資料として活用します。市として策定している方針や施策を易しく書き表した資料をもとに、およその内容とポイントを理解させます。

これらの情報と課題を踏まえて、これからの市をよりよく発展させていくためには何が大切か。それはなぜ必要になるのか。それを実現するために、自分（たち）には何ができるか。社会として取り組まなければならないことは何かなどについて考えさせます。ポイントは自分にできることと社会にとって大切なことを考えさせることです。子どもたちに夢を語らせるのもよいでしょう。

考えたことをもとに討論し、意見の交換をとおして自分の考えをより確かな内容に練り上げていきます。学級で一つの考えにまとめる必要は必ずしもありません。ここでは、一人一人が自分のこととして引き寄せ、社会の問題として真剣に考えることに意義があります。討論の様子を市役所の職員に視聴していただき、評価を受けるとよいでしょう。要望書を作成して市長に届けたり、子ども議会を開催したりすることも考えられます。現実の問題を取り上げ、できるだけ実効性のある地に足の着いた議論をさせます。

なお、社会に見られる課題を取り上げる際には、住民の価値観が多様化していることに十分配慮します。

なぜ？「都道府県の地理的環境」を4年の最初に取り上げるのですか。

4年の学習の対象と範囲は都道府県 ―そのオリエンテーション

私たちが見知らぬ街に行って史跡などを見学するとき、まず市の「地図」を広げて、およその様子（概要）を把握します。そのうえで見学先を決め、その場所を確認したり行き方を考えたりします。ここでは、全体を概観してから部分（具体）へという手順が取られています。

これと同様な趣旨で、4年の最初に「都道府県の地理的環境」を取り上げます。4年の学習の対象と範囲は都道府県ですから、自分の住んでいる県をまず概観します。それが「都道府県の地理的環境」の理解です。

概観する際の視点は、国土における県の位置、地形の概要、産業の分布、交通網、それに主な都市の位置です。位置や地形、土地利用、交通などは、3年で身近な地域や自分たちの市の様子を大まかに理解するときに着目した視点でもあります。これらの視点で県の概要を捉えさせるときには、県の地図を活用して調べたり白地図にまとめたりする活動を行います。

これまでの4年の社会科授業では、県についての地理的な概要を十分理解しないままに、飲料水の確保や廃棄物の処理、開発などに尽くした先人の働きなどが扱われてきました。そのために、県という広がりのなかでの理解に至っていませんでした。例えば飲料水の確保に関連して、飲み水が遠くの市や町につくられたダムに蓄えられた水であることを伝えても、それまでに県の地図に触れていませんから、位置関係はもとより、水源林のある地域の地形などを具体的に捉えることができませんでした。このような課題は、市を越えて広域的に処理されているごみや下水についての学習でも見られました。

なお、県内の特色ある地域の様子については、具体的な事例地を取り上げることから、県を概観する学習には含まれません。4年の最終単元で取り上げられます。

授業づくりのヒント　県の地図を使った学習の充実を

本単元の学習は、まず日本の地図を見て、自分の住んでいる県の位置を確認します。「位置」を調べるとは、次のような見方をすることです。

・住んでいる県は、日本全体から見ると、どの辺りにあると言えるか。
・住んでいる県の周辺には、どの方角にどのような県が位置しているか。
・住んでいる県は、例えば東京都から見ると、どの方角にあるか。

また、住んでいる県の県庁は、例えば東京都の都庁から見て約何キロメートルのところにあるかを縮尺を使って調べさせてもよいでしょう。

このような活動をとおして、日本のなかの自分たちの県を捉えさせ、これから県について学習していくことを意識させます。

ここでは、いきなり地図帳の県の地図を見ても、地図には様々な要素が書き込まれていますから、子どもたちは何をどう見ればよいのか。情報がありすぎて混乱してしまいます。そのため、まず、地図に示されている要素を切り出して地図に表します。それは、地形や主な産物、交通網や主な都市といった県をかたちづくっている要素ごとの地図です。

具体的には、県全体の山地や平地、川や海岸線などを表した地形図、主な農産物や工業製品など産物の分布図、県内の鉄道や高速道路、空港や港など交通図、主な都市を示した地図を順に活用しながら、それぞれの要素から県の概要を理解させます。県内の市町村の名前の入った地図も活用します。

それぞれの要素から概要を捉えさせたあと、それらを重ね合わせると、地図帳などに見られる地図になります。

学習指導要領に「地図帳や各種の資料で調べ」ると示されているように、ここでは見学、調査するといった活動ではなく、作業的な活動が中心になります。そのため、子どもによっては抵抗のある学習になりがちです。しかし、本単元は学年のオリエンテーションとしての役割をもっており、地図に関する基礎的な知識や見方、読み取り方を身につける重要な場面です。学年の冒頭で扱われる意味を改めて確認したいものです。

4年21

なぜ?

「飲料水、電気、ガス」のなかから一つを選択するのですか。

マスターキーとしての知識を獲得し活用する

「飲料水、電気、ガスを供給している事業」についてのこれまでの指導を見ると、ほとんどが「飲料水」を取り上げ、「飲み水はどこからどのように届けられているのだろうか」といった学習問題で実践されてきました。そのため、飲み水の確保についての理解は深まっても、電気やガスについては理解も関心も広がっていませんでした。

各学校が「飲料水、電気、ガス」のなかから一つを選択して指導できるとされているのは、どの事例を取り上げて学習しても同じことを学ぶことができるからです。そうでなければ事例によって子どもに身につく学力に差が生まれてしまいます。

ここでの共通項は「安全で安定的に供給していること」です。このことは「飲料水」だけでなく、「電気やガス」についても言えます。すなわち、「安全性と安定性」はマスターキーだと言えます。学校やホテルなどにあるマスターキーに当たります。たった一つのカギで多くの部屋に入ることができます。たくさんのカギをジャラジャラさせながら持ち運ぶ必要はありません。

こうした他の事例にも応用・転移できる価値ある知識(マスターキーとしての知識)を獲得させること、そしてそれを応用・転移する力を育てることに事例を選択することの真意があります。だから、あれもこれも同じように扱う必要はないわけです。そのためには、「飲料水」を取り上げたとき、これまでの扱い方を改善する必要があります。

選択的な扱いに対して、「指導時間を節約するためではないか」という声もありますが、そうではありません。学習指導要領には、10か所を越える多くの内容に関連して、具体的に調べる事例や事例地が選択的な扱いになっています。その意味を踏まえて指導計画を作成することが重要です。

授業づくりのヒント　オリエンテーション、事例、そして応用・発展

ここでは「飲料水」を選択して学習展開する場合の、基本的な進め方について説明します。これまでの学習では、いきなり「飲料水」が取り上げられていましたが、まず、例示されている「飲料水、電気、ガス」を概観する活動場面を設けます。例えば家のなかのイラストを提示して「暮らしにとって必要なものは何か」を資料から探させます。なくてはならないものは「飲料水、電気、ガス」です。灯油が必要な家庭もあります。

このあと、暮らしになくてはならない「飲料水、電気、ガス」はどのように確保されているのかという問題を設定します。このような学習は選択の対象を概観することであり、本単元のオリエンテーションです。

次に、飲料水に焦点を当てて「飲料水はどのように確保されているのだろうか」という学習問題で問題解決的な学習に取り組みます。これまでの指導では、飲料水を家庭や学校などに届けるために様々な施設がつくられ、多くの人たちが工夫していることを学ばせていました。こうした指導はこれからも重視する必要がありますが、飲料水の確保に関わる具体的な知識を習得させるだけでは、教材が選択的になっている意味を果たしたことにはなりません。

さらに、こうした様々な取り組みや工夫によって、「安全で安定的に供給されている」といった概念的な知識を獲得させる必要があります。これが「飲料水」という事例をとおした学習のゴールです。

そして、次に「電気やガスにおいても、安全で安定的に供給されているのだろうか」という問いを設定して、獲得した概念的な知識を電気やガス（両者でも一方でもよい）に応用・転移する場を設け、発展的な学習を位置付けます。これは獲得した知識を「いかす」学習です。このような学習展開はこれまでの社会科授業においてまったく行われてきませんでした。指導時間をどう確保するかという問題はついて回りますが、応用力や転移力を育て、社会に対する見方・考え方を養うためにもぜひ設定したい学習場面です。

こうした学習展開をとおして、子どもたちは生活を維持するために不可欠な飲料水や電気やガスなどライフラインに対して理解を深めるとともに、電気やガスなどのエネルギーに関心をもつようになります。

4年22

なぜ？ ごみや下水の学習で「法やきまり」について扱うのですか。

地域社会の一員としてのあり方を考えさせる

ごみや下水といった廃棄物を処理する事業について指導する際に、「法やきまり」について扱うようになっています。このことは、平成20年版の学習指導要領から示されている内容の取扱い事項です。

平成20年版と同様に『解説』には「ごみの出し方や生活排水の処理、資源の再利用などに関する法やきまりを取り上げる」と示されています。

学校教育に課せられている教育課題の一つに、法教育があります。これは法やルールの意味や働きについて理解を深めることによって、市民として社会生活を営み、社会を維持・発展させるうえで必要とされる法を順守する態度を育てようとしているものです。わが国は国民の意思によって制定された法にもとづいて、国家が運営されており、だれもが法の趣旨にもとづいて行動し発言することが求められています。

このことを踏まえると、一人一人の市民が「法やきまり」に従って廃棄物を出すことや、出された廃棄物は法にもとづいて処理されていることを理解することは、地域社会の仕組みを理解し、一員としての自覚をもって社会生活を営むうえで極めて重要なことだと言えます。

法やきまり（ルール）とマナーの違いを混同する傾向が見られます。マナーは礼儀や作法であり、道徳性の意味あいをもっており、必ずしも決められたもの、義務を伴ったものではありません。一方、法やきまりには遵守義務があります。両者の違いについても指導したいものです。

法やきまりに関しては、6年の政治学習に発展していきます。6年では、国家や国民生活の基本を定めている日本国憲法や立法、行政、司法の役割について理解させるようになっています。また、裁判員制度についても扱うようになっています。

授業づくりのヒント　「なぜなのか」を考えさせ、市民意識を養う

ここでは、ごみの処理に関する授業場面における「法やきまり」の扱いについて考えます。

授業では、市役所が作成したごみ集積所の掲示物や曜日ごとに出すごみの種類や出し方のルール表を活用します。これらの資料を使って、次のような発問で思考や理解を促します。

- **それぞれの曜日に、どのようなごみを出すように決められていますか。**

  ここでは、曜日によって出すごみが定められていることを確認します。なお、ごみの出し方は自治体によって違っていますから、あらかじめ子どもたちの住んでいる地域のルールを確認しておきます。
- **なぜ、曜日によって出すごみの種類が違っているのですか。**

  ここでは、ごみを分別して出すことによって、いろんなごみが混在しなくなります。その結果、ごみを効率的に収集し処理することができることを押さえます。ごみを出す立場と集める立場から考えさせます。
- **市役所がごみの出し方のルールを定めているのはどうしてでしょうか。**

  ここでは、市役所が定めたルールによって、ごみの処理や活用を能率的に行うことができること、その結果、私たちの生活環境が清潔に維持されていることや資源（ごみ）を有効に利用できることを押さえます。
- **もし、ルールを守らない人がいたら、集積所はどうなりますか。**

  ルールを守らないと生活環境が維持されなくなることから、みんながルールを守ることの大切さに気づかせます。もしルールに問題があれば、話し合ってルールを変えたり、市役所に伝えたりして、手続きをとって変えることができることにも触れるとよいでしょう。

こうした活動をとおして子どもたちに市民意識が養われていきます。

ごみの出し方のルールのほかに、いらなくなった冷蔵庫やテレビなどの電化製品を資源として再利用する法律（家電リサイクル法）がつくられていることを扱うこともできます。

4年23

なぜ？「自然災害から人々を守る活動」が追加されたのですか。

自然災害についてどの学校でも取り上げる

これまでの学習指導要領には、災害に関して「火災、風水害、地震など」のなかから一つを取り上げるようになっていました。風水害や地震を取り上げることができたわけですが、実際には火災が取り上げられていました。

わが国では、近年自然災害が多発しています。1995（平成17）年に起こった阪神・淡路大震災をはじめ、東日本大震災（2011年）、熊本地震（2016年）、大阪北部地震（2018年）、北海道胆振東部地震（2018年）など大きな地震が連続して起こっています。また、広島での豪雨（2014年）や西日本豪雨（2018年）、2019年（令和元年）には、暴風雨で関東・東北地方の広い範囲で甚大な被害を受けました。2014年には、長野と岐阜の県境にある御嶽山の噴火で多くの犠牲が出ました。鹿児島県の霧島山（新燃岳）や桜島では火山の噴火が続いています。

世界で発生するマグニチュード6以上の地震の約2割が日本及び日本近海で発生しています。日本には現在111の活火山があります。これは世界の活火山の約1割に当たります。直下型地震を引き起こす可能性があると言われている活断層は現在わかっているだけで約2000か所もあるそうです。さらに土砂災害の危険箇所は、全国に約52万5000か所もあります。

これらの他に、突風や竜巻、豪雨や豪雪、高潮や高波なども発生しています。日本は、位置、地形、地質、気象などの影響を強く受け、自然災害の起こりやすい国土だと言えます。災害列島に私たちは住んでいるわけです。

これらを踏まえると、日本の自然災害の被災可能性は約40％で、2位のイタリアの2.8倍だと言われています。

社会科において自然災害についての内容が充実されたのは、こうした日本の国土のもつ特質を踏まえたものと受けとめることができます。合わせて、4年における防災教育をどの学校でも社会科で展開するためです。

授業づくりのヒント　キーワードは「対処と備え」

防災教育で重視されているフレーズに「自分の身は自分で守る」があります。内閣府が行った直近の防災に関する世論調査（平成29年11月）によると、災害の際にとる対応を尋ねたところ、自分で身を守る（自助）が39.8％でした。これは前回（平成25年12月）の調査結果と比べると、18ポイント余り増加しています。次は、地域などで助け合う（共助）が24.5％で、前回から14ポイント近く増えています。さらに、国や自治体による支援（公助）はわずか6.2％でした。前回最も多かった「自助、共助、公助のバランスを」という回答は、前回から30ポイント近く減少して、28.8％でした。これは国民のあいだに、公助と比べて、共助や自助意識が高まっていることを示すものです。

学校教育の役割は最終的に「自助意識」を醸成することにありますが、社会科における防災教育の視点は「公助と共助」の視点から社会の様々な機関や人々の働きを学ぶことです。その意味で、自然災害について基礎的な知識を学ぶ場は社会科にあり、そこでは防災意識が養われます。

自然災害から人々を守る活動についての学習で押さえたいことは次の2つです。一つは、自然災害に対して様々な協力をして対処してきたこと（過去の目）と、今後想定される災害に対して様々な備えをしていること（現在と未来の目）を押さえることです。キーワードは「対処と備え」です。このキーワードは、すでに3年の火災や交通事故を取り上げた学習で獲得済です。忘れている可能性もありますが、前学年の単元のカリキュラムと縦断的、関連的にマネジメントすることが求められます。

いま一つは事例の取り上げ方です。4年での学習ですから、事例は広く県内から取り上げます。過去に起こった災害と今後想定される災害を取り上げることになりますが、両者は必ずしも同じ種類の災害でなくてもよいでしょう。例えば過去の災害として水害を、今後想定される災害として地震を取り上げることもできます。

防災教育は全教育活動をとおして取り組む教育課題です。自然災害について基礎的な知識を身につける教科は社会科を除いてありません。社会科で防災基礎をしっかり身につけることが、自分の命を守る行動につながります。

4年24

なぜ？

自然災害の学習で「県庁や市役所の働き」を中心に取り上げるのですか。

「公助」の視点からハードとソフトに目を向ける

自然災害が発生したとき、あるいは自然災害に備えて、様々な機関がそれぞれ働きや役割を果たしています。ここでは「関係機関の協力」に着目して調べるようになっています。

「関係機関」とは何でしょうか。学習指導要領の「内容の取扱い」には、関係機関については「県庁や市役所」を中心に取り上げるとしています。社会科において防災教育を推進するとき、「公助」という視点から行政機関の働きを取り上げるようになっているのです。ここには、３年で学習した消防署や警察署の働きを含めることができます。

県庁や市役所などの自然災害への「対処と備え」を調べるとき、その視点はハードとソフトです。ハード面の対処と備えとは、土砂災害や水害を例にすると、堤防の整備や河川の改修、ダムや堰、貯水池、砂防堰堤の建設などがあります。一方、ソフト面には、ハザードマップの作成と広報、防災・避難訓練の実施、自然災害に備えた地域住民への情報提供などがあります。

「公助」の観点からいま一つ取り上げたい機関は「飲料水、電気、ガスを供給している事業者」です。電気やガスなどのライフラインは生活や産業活動を維持するための生命線です。自然災害の発生時の対処はもとより、災害に備えて万全の備えを取っていることをハードとソフトの面から取り上げます。

これらを踏まえて、次に地域の住民組織による取り組みを調べます。これは「共助」の視点から「対処と備え」を調べることです。

このように、関係機関として県庁や市役所の働きに留まらず、「飲料水、電気、ガスを供給している事業者」や町内会や消防団、水防団などの地域の住民組織も含めて広く捉えることにより、「公助」「共助」の視点を深く理解させることができるようになります。

授業づくりのヒント　自然災害への「備え」に重点を置いた指導計画例

学習指導要領には、自然災害に対して様々な協力をして対処してきたことと今後想定される災害に対して様々な備えをしていることを理解させるようになっています。このことを言い換えれば、過去の災害をいつまでも記憶に留めることと、教訓をもとにこれからの災害に備えることです。

ここでは、後者の自然災害への備えに重点を当てた、単元「自然災害からくらしを守る」の指導の流れ（指導計画例）を紹介します。

(1)　県内で過去に発生した自然災害（水害）を取り上げ、災害の状況とともに、地域の関係機関や人々はどのように対応したのかを調べます。これを「事前の学習」とし、２時間程度を充てます。

(2)　今後、どのような災害が想定されているのかを調べ、それらのなかから一つの災害（例えば地震）を取り上げ、「地域の関係機関や人々はどのように備えているのだろうか」という学習問題を設定します。その後、予想し、学習計画を立てます。１時間を予定します。

(3)　調べる場面では、次のように展開します。３時間を充てます。

①　県庁や市役所などの自治体は、自然災害の発生にどのように備えているのだろうかという課題で、施設・設備の点検・整備などハード面の備えと、住民への啓発などソフト面の備えを調べます。

②　飲料水、電気、ガスの事業者は、自然災害にどのように備えているのだろうかという課題で、前時と同じように、施設・設備の点検・整備などハード面の備えと、住民への啓発などソフト面の備えを調べます。

③　地域の町内会や消防団、水防団などの住民組織は、自然災害にどのように備えているのだろうかという課題で、取り組みの状況を調べます。

(4)　まとめる場面では、まず、調べてわかったことを図表などに整理し、それをもとに学習問題に対する自分の考えをまとめます。それを受けて、自分の身を守るために、自分たちが日ごろから心がけたいことや備えなければならないことを考えさせます。これには２時間を充てます。

上記の(3)②に関して、「ライフライン　授業支援パッケージ」で検索すると、ホームページから学習指導案や板書計画などがダウンロードできます。

4年 25

なぜ?

「県内の文化財や年中行事」を取り上げるのですか。

伝統的な文化に対する理解と関心を深めたい

これまでの実践では、「文化財や年中行事」が3年で取り上げられてきました。それが4年の内容に位置付けられましたから、これからは事例を県内から選定することになります。

ここでは地域に根ざしてきた文化財や年中行事の歴史的な背景や、それらの保存や継承のために努力をしている人たちの取り組みの様子を調べることをとおして、自分たちの住んでいる県の伝統的な文化に対する理解と関心をもたせるためです。社会科における伝統文化教育の具体的な指導場面として捉えることができます。

県内からどのような文化財や年中行事を取り上げるのかを決定するためには、まず授業者自身が文化財とは何か。年中行事とは何かを理解しておく必要があります。文化財とは、文化財保護法によると、有形文化財、無形文化財、民俗文化財、記念物、文化的景観、伝統的建造物群の6種類があるとされています。有形文化財とは建造物や絵画、彫刻など形のあるもの、無形文化財とは演劇や音楽、工芸技術など形の見えないものを言います。民俗文化財とは暮らしや年中行事、信仰などに関する風俗や習慣、民俗芸能などです。

また、年中行事とは毎年、定まった時期に慣例として行われている行事のことです。多くは節句(節供)と言われています。年中行事には、五穀豊穣を願って行われるお祭りや子どもの成長を願って行われる風習が多いようです。「年中」は「ねんちゅう」とも「ねんじゅう」とも読みます。

文化財や年中行事は、関心をもって意識して保存・継承しないと、やがて消えてしまうことがあります。社会科において県内の文化財や年中行事を取り上げることには、わが国に根づいてきたよき伝統・文化を理解させ、後世に残していこうとする意欲や行動力を育てることに狙いがあります。

授業づくりのヒント　社会科における伝統文化教育の考え方・進め方

社会科でわが国の伝統・文化に関する教材を扱うとき、伝統文化教育の目標をまず押さえておくことが大切です。例えば次のような目標を設定することができます。

- 郷土やわが国の伝統や生活習慣などの実態とともに、歴史的な背景や今日まで引き継がれてきたことの意義を理解できるようにする。
- 郷土やわが国の伝統・文化の具体的な事象を調べたり、それらに積極的に関わったりしながら、伝統・文化のもつ今日的な意義や役割について考え、これからの自己の生き方を判断できるようにする。
- 郷土やわが国に根づいてきた伝統・文化に関心をもち、進んで継承・発展させようとする意欲と態度を養う。

ここでは、理解、能力、態度の要素から目標を設定しました。社会科においては、これらの内容を踏まえ、社会科としての目標を設定します。

県内には、様々な文化財や年中行事が見られますから、まず代表的なものを表した県の地図を見て、概観します。そのうえで、一つの事例を選択して歴史的背景と現在までの経過、保存や継承のための取り組みについて調べるようにします。

その際、できるだけ実際に実物に触れさせるようにします。市役所や教育委員会の文化財課などに問い合わせ、ビデオなどを借りることもできます。また、実際に保存や継承に携わっている人たちから苦労や願いなどを聞くようにします。なお、宗教が絡んでいる場合には、あくまでも文化財として取り上げることに留意します。

伝統・文化に関する学習内容や教材は、4年での伝統的な文化を保護・活用している地域や伝統的な技術を生かした地場産業が盛んな地域の学習との関連を図ることも大切です。さらに、伝統・文化に関することは、国語科や生活科、音楽科、道徳科などでも取り上げられますから、教科等横断的な視点からカリキュラムをマネジメントすることが求められます。

4年26

なぜ？「国際交流に取り組んでいる地域」を取り上げるのですか。

県の様子をグローバルな視点から理解する

これまでの学習指導要領には「国際交流」の内容が、6年の国際理解に関する学習に位置付いていました。具体的には、スポーツや文化のいずれかを選択して、わが国の国際交流を扱ってきました。それが次の2か所で扱うようになりました。一つは4年の「特色ある地域」の一事例として、いま一つは6年の「わが国と経済や文化などの面でつながりが深い国の人々の生活」を調べる際の視点です。「国際交流」を2つの場面で扱うのは、県の様子やわが国の役割をグローバル化する世界との関わりのなかで捉えるようにするためです。

「国際交流」とは、単に日本国内での外国人と日本人の交流活動に留まりません。地球儀を俯瞰し、人や物や情報などが互いに行き来することです。姉妹都市同士の相互交流活動は国際交流の一つの形態と言えるでしょう。

4年の冒頭の学習では「自分たちの県の地理的な環境の概要」を理解しています。ここでは、県内の特色ある地域を取り上げ、具体的に調べることをとおして県の様子についての理解を促すことを狙っています。

「県内の特色ある地域」を取り上げる視点と狙いは、次のようになります。

- 伝統的な技術を生かした地場産業の盛んな地域。ここでは、歴史的な視点から県内の特徴的な地場産業を理解させます。
- 国際交流に取り組んでいる地域。ここでは、グローバルな視点から県内の人々の活動や協力関係を理解させます。
- 自然環境や伝統的な文化を保護・活用している地域。ここでは、地域資源の保護・活用という視点から、人々の活動や協力関係を理解させます。自然環境と伝統的な文化は選択的な扱いになっています。

授業づくりのヒント **趣旨を踏まえた地域の選定がカギになる**

次のような実践を参観する機会がありました。その地域は、近年外国人が多く居住するようになり、こうした現状を踏まえて実践したものでした。

日本との文化の違いや理解の不足などから、各地で様々なトラブルや問題が発生しています。ごみの出し方に関わる問題もその一つです。

その授業では、外国人がどうしてごみを正しく出せないのかを考えさせ、そのあとにどうしたら問題が解決できるかを考えさせました。その結果、○○語でごみの出し方を説明したチラシを配付したり、ごみの集積所に掲示したりするといった解決策が出されました。これは、日本人から外国人への関わりです。さらに、日曜日などに外国人から、それぞれの国の郷土料理を紹介してもらおうということになりました。これは外国人から日本人への情報提供です。子どもたちは、こうした取り組みによって、外国人と日本人の関わりがさらに深まるのではないかと考えたのです。授業についての協議会の場で、「こうした取り組みが『国際交流』と言えるのか」という指摘が出されました。「単なる地域での『外国人との交流活動』ではないか」「外国人も住みやすい『町づくり』ではないか」というのです。こうした取り組みはいまや「どの地域でも行われるようになり、『特色ある地域』にあたるのか」という意見も出されました。

交流とは、異なる人や物、文化などが互いに行き来することですから、双方向の意味あいをもっています。それが世界レベルで行われることが真の国際交流ですが、ここでは、外国との交流という趣旨から地域を選定します。

国語辞書によると、「特色」とはほかと異なるところであり、優れているところとあります。例えば東京都全体を見わたすと、自然環境を保護・活用している地域は、小笠原諸島が世界自然遺産に登録されており、典型的な地域と言えるでしょう。国際交流では、東京国際空港によって世界とつながっている大田区をあげることができるでしょう。

子どもたちが住んでいる地域が、県を代表する特色のある地域であれば、「県内の特色ある地域」の一つとして取り上げることもできるのではないかと考えます。事例地は、子どもたちが住んでいる県に対する理解を深める観点から、学習上価値のある地域を選定することが重要です。

5年
27

なぜ？ 国土の学習で「世界の大陸や海洋など」に着目させるのですか。

わが国の国土や産業を広い視野から捉えさせる

わが国の国土に関する学習で「世界の大陸や主な海洋、主な国の位置」について取り上げるようになっています。これらの事項はこれまでも示されてきましたから、次のような事項が指導されてきました。

・世界には、ユーラシア大陸、北アメリカ大陸、南アメリカ大陸、アフリカ大陸、オーストラリア大陸、南極大陸の6つの大陸があること。
・地球上には、太平洋、大西洋、インド洋の3つの広い海洋があること。
・世界の主な国を取り上げ、それぞれの国の名称と位置を世界地図などで確認すること。

こうした学習が求められているのは、次のような理由によるものです。

世界におけるわが国の国土の位置を理解するためには、周辺の国々や海洋などを理解しておく必要があります。それらの用語を使うことによって、国土の位置を適切に言い表すことができるからです。また、わが国は島国です。海洋に囲まれ、6800を越える大小の島々から構成されています。わが国は海洋国家です。こうした特色を理解するために、世界を俯瞰し、世界の大陸や海洋、主な国々の名称や位置に早い時期から目を向けさせる必要があります。

わが国の国土の様子の学習のあとには、わが国の食料生産や工業生産についての学習が続いています。そこでは、貿易や運輸についても扱われ、世界の大陸や海洋、国々の名称が登場してきます。

5年の冒頭で「世界の大陸や海洋など」に着目させることには、これからの社会科学習を進めていくための基盤となる知識を習得させ、わが国の国土や産業をより広い視野から捉えさせるという重要な役割があります。

授業づくりのヒント　世界地図を活用した作業を重視する

世界の大陸や海洋、主な国の名称は、考えさせる対象ではありません。地図帳や地球儀、世界地図を活用して、それぞれの名称と位置を確認させ、確実に覚えさせる必要があります。

近年、社会科において覚えさせることを躊躇する傾向も一部見られますが、覚えることは決して悪いことではありません。国語科の時間に漢字を繰り返し読ませたり書かせたりするように、また算数科で掛け算の九九を暗記させるように、覚えることは大切な学習方法の一つです。知りたいときや忘れたときには地図帳などで確かめることもできますが、世界の大陸や海洋、国名などの知識は学習の基盤となるものですから、覚えさせておくと、それらの知識（用語や語句）を使って学習を進めることができます。

覚えさせるとき、ただ無味乾燥に暗記するのでは意味がありません。子どもたちの意欲も高まらず、持続もしません。例えば「世界には、6つの大陸があります。その内の5つを表したのが、オリンピックの5つに色分けした輪です。6つの大陸は何でしょうか。それらは地球のどこに広がっていますか。6つの色で塗り分けてみましょう」と問いかけ、世界の白地図に作業させます。作業のめあてを明確に示すと、子どもたちは意欲的に取り組むようになります。子どもたちは作業に取り組みながら、大陸の位置や名称を覚えていきます。

世界の海洋や主な国の名称や位置についても、白地図に書き込ませながら学習を進めていきます。ここでの指導のポイントは、地図帳や地球儀を活用することと世界の白地図に作業することです。

また、大陸や海洋や国々をカードに表し、ゲームや遊び感覚で取り組ませると、子どもたちは知らず知らずのうちに習得していきます。各国のカードの内容にそれぞれの国旗や特色ある産業、自然、観光などを含めると、子どもたちの興味や関心を高めることができます。

こうした学習をとおして身につけた知識は、その後の学習や日常生活で繰り返し登場させ、知識の活用場面を設けることがポイントです。登場した回数を「正」の文字で表していくと、関心が持続していきます。せっかく覚えた知識を忘れないようにすることが大切です。

5年
28

なぜ？ 稲作の盛んな地域の学習で「庄内平野」を取り上げるのですか。

山形県の「庄内平野」は稲作を学ぶ事例地

わが国の食料生産には、稲作のほか、野菜、果実、畜産物、水産物などの生産がありますが、これらのうち「稲作」は必須の教材とされています。米は歴史的にも日本人の主食であり、わが国の農業の中心的な作物であるからです。ここでは、米の生産（稲作）に従事している人々の工夫や努力を学ぶ際に、具体的事例をとおして調べるようになっています。

多くの授業では、具体的な事例地として山形県の庄内平野が取り上げられています。しかし、庄内平野を取り上げるとは学習指導要領にも『解説』にもいっさい示されていません。越後平野でも仙台平野でも、佐賀平野でも構いません。ただ一つだけ条件があります。それはそこが「稲作の盛んな地域」であることです。地域として稲作が盛んに行われていることが「具体的事例」としての教材の要件になります。稲作について学ぶとき、単に米づくりの手順だけでなく、地域を対象にしているからです。そのため、身近な地域で米をつくっている農家を取り上げたり、学校で行われている稲作体験に代替えしたりすることができないのはこうした理由からです。

「稲作の盛んな地域」の学習で改めて確認したいことは、ここでの主題は「わが国の食料生産」であり、わが国の稲作の現状や課題を学ぶことです。そのために「庄内平野」が取り上げられています。庄内平野の米づくりを学ぶことが主要な狙いではないということです。

食生活にたとえると、生きていくために必要な栄養に当たるのが「米の生産（稲作）に従事している人々の工夫や努力」であり、献立（メニュー）に当たるのが「庄内平野で行われている米づくり」です。栄養とは学習内容であり、メニューとは教材や事例地を言います。学習内容と教材との違いと関連性を理解しておくことが重要です。

授業づくりのヒント　なぜ、山形県庄内平野なのかを押さえる

「なぜ、庄内平野の米づくり」を取り上げるのか。ただ単に「教科書にあるから」ではないことは前述したとおりです。この意味を授業者が押さえておくことはもちろんのこと、「なぜ、庄内平野の米づくりを学ぶのか」を子どもたちにも手順を踏んで理解させることが大切です。

子どもたちが納得して調べることができるようにするためには、庄内平野を事例地にした学習を始めるまえに、次のような発問と活動で授業を進め、「庄内平野」に導いていきます。

① 毎日の食事で、私たちはどのようなものを食べているでしょうか。

ここでは、製品ではなく、食材に目を向け、毎日食べている農産物や水産物を発表させます。それらをもとに、私たちはいろんな食材でつくられた食品を食べたり飲んだりしていることに気づかせます。

② 食材に目をつけて、仲間分けしましょう。

ここでは、米、野菜、果実、畜産物、水産物などの観点から分類・整理します。これらはさらに「主食」と「副食」に分けられます。

③ （分類されたものを示しながら）これらのうち、わが国の食料生産物の中心になっているものは何でしょうか。

ここでは、多くの人がほとんど毎日食べているという観点から、また、歴史的な観点から、米は日本人の主食であることを確認し、日本の農家の多くは稲作を中心に営んでいることを捉えさせます。

④ わが国の稲作の盛んな地域はどこでしょうか。

ここでは、稲作の盛んな地域を表した地図や都道府県別の米の生産量を表した図表を提示して、稲作は日本の各地で営まれていること、特に盛んな地域は北海道や東北地方に多いことを押さえます。

このあと、これらの地域のなかから、山形県の米の生産量に注目させ、山形県の地図を見ながら、教科書などにも紹介されている「庄内平野」を例にして調べることを予告します。

5年
29

なぜ？ 食料生産の学習に「技術の向上」が追加されたのですか。

歴史的な視点から食料生産を多面的に捉えさせる

「向上」とは、これまでより優れた状態になることを言います。それは現在の状態だけを見ても捉えることができない概念です。

「技術」とは、ここでは食料生産に関わる技術ですから、農業技術のことです。例えば農業機械、品種改良などを指しています。これらがよりよく改善してきたことを調べる趣旨で、「技術の向上」が新たに追加されたのです。

「技術の向上」という社会的事象を調べさせることには、次のような効果があります。これまで取り上げられてきた、生産の工程や人々の協力関係、働く人々の工夫や努力、価格や費用といった社会システムの視点に、「生産技術がどのように向上してきたのか」といった歴史的な視点を加えることによって、わが国の食料生産の現状を多面的に捉えさせることができます。

食料生産の学習に「技術の向上」が追加されたことには、以上のような趣旨がありますが、実際に指導することになると、次のような課題に遭遇します。事前に対応策を考えておく必要があります。

一つは、多くの実践における本小単元の学習問題が「庄内平野で米を生産している人たちは、どのような工夫や努力をしているのだろうか」というものです。これは現在の稲作の状況を調べることに主眼があります。学習の過程に「どのように向上してきたか」という歴史的な視点をどう関連付け、位置付けるかという課題です。社会的事象に対する見方が変わりますから、子どもたちの問題意識が連続していきません。一つのアイデアとして、学習問題の解決を終えたあとに、発展的な学習として位置付けることが考えられます。

いま一つの課題は指導時間をどう確保するかです。発展的な学習として扱う場合にも、少なくとも１単位時間は必要になります。限られた時間内で指導するには、学習問題の追究や解決にかける時間を削減しなければなりません。

授業づくりのヒント 「技術の向上」を捉えさせる発問構成

社会的事象を歴史的な視点から捉えるためには、過去の写真や実物のほか、事象や事物の順序性を示した年表、生産量や労働時間などの移り変わりを示すグラフが必要です。ここでは、わが国の農業生産を「技術の向上」に着目して理解させる際の発問や指示と資料の構成例を紹介します。

- **農業機械はどのように移り変わってきたのでしょうか。**

  ここでは、田植え、稲刈り、脱穀、もみふるいなどに使用した機械を取り上げ、それらがどのように変化してきたのかを写真資料を活用して調べます。時間的に余裕があれば、地域の郷土資料館や博物館を見学する場を取り入れることもできます。

- **農業機械の発達によって、稲刈りや脱穀、田植え、田おこしなど農作業を行う時間はどのように変化してきたのでしょうか。**

  ここでは、田植え、稲刈り、脱穀、田おこしなどの作業を取り上げ、「10アールあたりの稲作の作業別時間の変化」（グラフ）を提示してそれぞれの作業時間の移り変わりを調べます。

- **米の生産地は、どのように広がってきたのでしょうか。北海道を例に調べましょう。米の生産地が北のほうにまで広がったのはなぜでしょうか。**

  ここでは、「北海道の稲作地域の広がり」（地図）を提示して、明治以降、北海道全土に広がっていったことを捉えさせます。また、その背景にはその土地にあった美味しい米を生産するために、時間と労力をかけた品種改良が行われてきたことを押さえます。

こうした学習をとおして、農業技術が向上してきたことによって、農家の人たちの労働が軽減されてきたことや労働生産性（時間あたりの生産量）が高まってきたことを理解させることができます。また、機械の購入のための費用がかさみ、農家の負担になっていることや機械を使うようになって、特に高齢者による農作業事故が問題になっていることなど、新たな課題に触れることも考えられます。

5年30

なぜ? 工業生産の学習に「工業製品の改良」が追加されたのですか。

歴史的な視点から工業生産を捉えさせる

「改良」とは、それまでの問題点を改めてよりよくすることです。その実際を捉えるためには、時間軸で違いや変化を捉えることが必要になります。いまの状況だけを見ても、改良された姿を捉えることはできません。

工業製品が改良された姿を捉えるとは、例えば、テレビや炊飯器、掃除機など身近な生活に見られる工業製品が改良されてきた経過を調べることです。こうした活動は、3年で取り上げられる「生活の道具の時期による違い」や「道具の移り変わり」を調べる活動と類似性があり、重複感が否めません。

いずれにしても、「工業製品の改良」という社会的事象に着目して調べさせることには、これまで取り上げられてきた、生産の種類や工業地域の分布といった地理的な視点や社会システムの視点だけでなく、「工業製品がどのように改良されてきたのか」といった歴史的な視点を加えることによって、わが国の工業生産の概要を多面的に捉えさせることができます。

こうした趣旨を踏まえて実践するとき、農業生産の学習で「技術の向上」を取り上げるときに生じる課題に、ここでも遭遇します。一つは本小単元の学習問題から外れてしまうという課題です。いま一つは必要な指導時間をどう確保するかという課題です。ここでも、農業生産の場合と同じように、発展的な学習として扱うという工夫が考えられます。

昭和43年版の学習指導要領では、わが国の工業の現状とともに、工業の歴史的背景について理解を深めさせることが重視されていました。具体的には、明治初期の近代工業が始まった前後の様子や繊維工業から重化学工業に発展したことなどが扱われました。こうした歴史的な内容は、わが国の工業生産をより深く理解するために重要な役割を果たしましたが、その後の社会の変化や授業時数の削減などによって削除されてしまいました。

授業づくりのヒント　わが国の工業生産の概要を捉える着目事項

これまでの工業生産の学習では、わが国の工業生産の概要を理解するために、工業製品と国民生活との関連、各種の工業生産や工業地域の分布が取り上げられてきました。これらに「工業製品の改良」に目を向けて調べる活動が付け加えられました。ここでは、わが国の「工業生産の概要」を捉えることが主眼ですから、身の回りの工業製品を一つ限定して、その改良の経過を調べることは趣旨に合わないことになります。

学習指導要領の「内容」や『解説』を踏まえると、次のような手順と方法で学習を展開することが考えられます。

① 身の回りにはどのような工業製品が見られるかを調べ、私たちは様々な工業製品に支えられていることに気づく。
② 様々な工業製品は機械工業、金属工業、化学工業、食料品工業、繊維工業などの種類に分けられることを理解する。
③ わが国には、どこに工業地帯や工業地域が分布しているかを調べ、およその傾向性を捉える。
④ 身近な工業製品がどのように改良されてきたのかを、テレビや炊飯器、掃除機など身近な生活に見られる工業製品をもとに調べる。

ここでは、わが国の工業生産の概要を捉えさせることに主眼があります。できるだけ「面」として見たり考えたりできるようにします。一つの工業製品に限定すると、具体的ですから分かりやすい反面、全体像が捉えにくいという問題が生まれます。地図や統計資料などを効果的に活用します。

「工業製品の改良」は、わが国の工業生産の概要を捉える際に着目する事項です。そのため、単に道具の移り変わりを調べることに留まらず、どこがどのように改善し工夫されているかを押さえ、それが国民の生活の向上にどのような影響を及ぼすようになったかを考えさせます。

このように検討してくると、ここで取り上げらえる工業製品は、改善の状況が具体的に捉えやすい機械工業の製品が分かりやすいと言えるでしょう。

5年
31

なぜ？

工業の盛んな地域として「豊田市」を取り上げるのですか。

「豊田市」は機械工業を学ぶ具体的な事例地

この疑問は、先に解説した「なぜ、稲作の盛んな地域の学習で庄内平野を取り上げるのですか」と同様に考えることができます。（64〜65ページ）

工業単元は次の3つの学習（小単元）から構成されます。

・工業の種類、工業の盛んな地域の分布、工業製品の改良に着目して、わが国の工業生産の概要を捉える学習（第1小単元）
・製造の工程、工場相互の協力関係、優れた技術に着目して、工業生産に携わる人々の工夫や努力を捉える学習（第2小単元）
・交通網の広がり、外国との関わりに着目して、貿易や運輸の働きを捉える学習（第3小単元）

学習指導要領の「内容の取扱い」には、第2小単元「工業生産に携わる人々の工夫や努力」を捉えさせる際に、工業の盛んな地域の具体的な事例として、金属工業、機械工業、化学工業、食料品工業のなかから一つを選択して取り上げるように示されています。このことは昭和52年版の学習指導要領から一貫して見られます。自動車工業を取り上げるとか、豊田市を事例地にするとはどこにも示されていません。にも関わらず、多くの学校では「豊田市」の自動車工業を取り上げてきました。

工業生産の「概要」を捉える第1小単元に対して、第2小単元では「具体」を調べ学びます。具体を取り上げた事例地が「豊田市」です。自動車工業を取り上げるとき、豊田市でなくてもよいわけです。また、自動車でなくても電化製品や精密機械などの機械工業の製品でも構いません。さらに、機械工業でなく金属工業や化学工業を取り上げてもいいわけです。

実践に当たっては、なぜ「豊田市」を事例地にするのか。授業者はもとより、子どもたちも納得して取り組むようにすることが大切です。

授業づくりのヒント　「豊田市」を具体的な事例地にする筋道を押さえる

多くの実践ではいきなり豊田市の自動車工業が取り上げられていますが、事前に学習される第１小単元の学習にポイントがあります。そこでは、次のような発問で構成します。主な発問と押さえたい内容などを示しました。

① **身の回りの生活や街に目を向けると、どのような工業製品が見られますか。**ここでは、私たちの生活や産業は様々な工業製品に支えられていることを確認します。

② **様々な工業製品は、どのように分類できますか。**ここでは、金属工業、機械工業、化学工業、食料品工業、繊維工業、その他の工業に仲間分けします。工業の種類を理解させるとともに、大きく重化学工業と軽工業に分類できることに触れるとよいでしょう。

③ **日本の工業生産の中心は何工業でしょうか。**ここでは、工業種類別の生産額の割合の資料をもとに考えさせます。現在、最も生産額の割合が多いのは、全体の約45%を占めている機械工業です。

④ **機械工業にはどのような製品がありましたか。**ここでは、身近な工業製品を分類・整理した②の活動を思い起こし、自動車やテレビなどの電化製品、時計やカメラなどの精密機械、そのほかの機械製品があることを確認します。子どもたちに関心のある「自動車」を取り上げ、自動車工業の盛んな地域を調べていくことを伝えます。

⑤ **自動車工場は日本のどこに分布していますか。**ここでは、わが国の主な自動車工場のある地域を表した地図を示して、それらのなかに「豊田市」があることを確認し、これから豊田市の自動車工業を調べていくことを予告します。

社会科授業において単元間の関連性や発展性を図ることや、子どもたちに学習の必然性を意識させながら展開することは、カリキュラム・マネジメントの重要な視点だと言えます。いくつかの小単元から構成される単元全体を問題解決的に構想する力は、今後求められるカリキュラムをマネジメントする力です。

5年
32

なぜ？ 「農業や工業の発展」を考えさせることを重視しているのですか。

産業の発展を「自分のこと」として捉えさせたい

「産業の発展」に関心をもつようにすることは、これまでも学習指導要領の5年の「目標」に位置付いていました。今回は「目標」のほかに、食料生産や工業生産の内容に関連付けて「内容の取扱い」にも示されています。これまで以上に重視されていることが読み取れます。特に、農業や工業の発展について、子どもたちに「自分の考え」をまとめさせるよう求めています。

何事にも言えますが、持続可能な社会をつくるためには、まず現状における課題を認識し、それらを踏まえて「これからの」あり方を考えることが必要になります。すなわち、「農業や工業の発展」を考えさせるためには、現在わが国の農業や工業にどのような課題があるのかを見いだす必要があります。

農業については、食料自給率が低いこと、農業に従事する後継者が不足していること、食料の安心・安全が問われていること、肉や小麦、大豆など外国から安価な食料が輸入されていること、自然の影響を受けやすく、収穫量が不安定であること、さらに耕作放棄地が増え、農村が衰退していることなど様々な課題があります。また、近年では、「食品ロス」の問題が話題になり、消費者としてのあり方が問われています。このような課題は水産業についても同様に言えることです。

工業については、外国から安価な製品が輸入され、価格競争にさらされていること、製造業で働く若い人たちが少なくなり、外国からの労働者に頼るようになってきたこと、工場を日本国内から外国に移す企業が増えていること、伝統的な技術を生かした地場産業が衰退していること、零細な工場では後継者の問題で悩んでいることなどの課題があります。

これらの課題について子どもなりの解決策を考えさせることは、「農業や工業の発展」を願い、持続可能な産業のあり方を考えさせることでもあります。

授業づくりのヒント　多様な立場を設定して討論させたい

実際の授業で「産業の発展」について考えさせる場面は、わが国の農業や工業について学習したあとに設定されます。そこでは、次のような手順で学習を進めます。

まず、現在の農業（工業）には様々な課題があることを資料などを活用して確認します。そのうえで、典型的な課題を一つ取り上げ、課題解決の方法を考えさせます。例えば農家の「後継者不足」の問題を取り上げます。

次に、「農家の『後継者不足』の問題をどのように解決したらよいでしょうか」と問いかけ、農家の後継者がいなくなることによって、どのような問題が起こっているのかを具体的に調べます。農家の後継者がいなくなると、やがて農家がなくなります。すると、耕作地が放棄され、農業が衰退していきます。やがて農村が消滅していくことになります。後継者の問題は、単に食料を安定的に供給できなくなるだけでなく、地域や国土が維持されなくなるという問題に深く関わっています。

こうした課題や問題の深刻さを子どもたちに捉えさせたうえで、現在農業に携わっている人たちは農業の後継者を育てるためにどのような取り組みをしているのかを調べます。ここでは、すでに実施されている様々な工夫や頑張っている事実を子どもたちに提示します。例えば、都会から移り住んだ若者が農業に取り組んでいること、農業を始める若者に農業について研修する場を設けていること、農業高校の生徒が専門的な知識や技術を学んでいることなどの資料を提示します。

こうした学習を踏まえて、子どもたちに後継者の問題の解決策やこれからの農家や農業のあり方について考えさせます。その際、農家、地域のＪＡ、消費者など多様な立場から、アイデアを提案させます。ただ言わせっぱなしにするのではなく、考えたことをもとに討論する場を設けます。また、これまでの学習成果や自分なりの見方・考え方などをもとに、どうしてそう考えたのか、根拠や理由のある意見を述べさせます。ここでは一つの考えに集約することが目的ではありません。これからの農業に関心をもち、社会の問題を自分の問題として受けとめさせ、自分なりの方向を考えさせることに狙いがあります。

なぜ？「情報を生かす産業」を取り上げるようになったのですか。

第3次産業に対する理解と関心を深める

学習指導要領における情報に関する内容を振り返ってみましょう。学習指導要領に初めて登場したのは平成元年版です。このときには、いまに引き継がれている「放送、新聞、電信電話」などの情報産業が、運輸業とともに取り上げられました。

平成20年版では、情報産業のうち「電信電話」が削除されましたが、新たに「情報化した社会の様子」を取り上げるようになりました。ここでは、教育や福祉、医療、防災などに見られる情報ネットワークについて取り上げるようになりました。そして、平成29年版では「情報ネットワーク」に代わって、「情報を生かして発展する産業」を取り上げるようになりました。ここでは、販売、運輸、観光、医療、福祉などの産業のなかから選択して取り上げるようになっています。このように、情報に関する学習事項は、時代の変化を受けて改訂ごとに変わってきました。

農業や水産業は林業とともに第1次産業です。工業は第2次産業と言われています。これらの産業以外の産業は総称して第3次産業と言われています。5年の社会科では、第1次産業と第2次産業の学習に多くの時間が充てられてきました。学習指導要領の記述も多くなっていますから、学校での授業もそのような傾向になっています。

ところが、全国の産業別人口の割合を大まかに見ると、第1次産業がわずか4%、第2次産業が25%です。それに対して、第3次産業に従事している人の割合は71%にもなっています（平成27年度国勢調査より）。社会の実態と社会科の指導時間とがいびつな関係になっています。

こうした課題を受けて、情報に焦点を当て、情報を活用して発展している販売業や運輸業など第3次産業について学ぶようになったのです。

授業づくりのヒント　情報産業の学習でも情報教育でもない

ここでの学習は、放送と新聞のいずれかを選択して、これらの情報産業が国民生活に果たしている役割を学んだあとに位置付けられます。販売業を取り上げた場合、例えば次のように展開されます。

学習は、例えば「コンビニエンスストアでは、どのような情報を活用して販売しているのでしょうか」という学習問題で調べていくことになります。情報教育の場ではありませんから、情報の流れや情報通信技術について詳細に調べることではありません。

コンビニエンスストアを取り上げた次のような実践があります。

まず、「一週間の日にちごとに仕入れたお握りの数」の表を提示しました。資料から、日によって数が違うことが読み取れます。日によって多い日もあれば、多少少ない日もあります。次に、その表の下段に日にちごとに売れたお握りの数を書き入れていきました。そして、仕入れた数から売れた数を引いた数を書き入れていきました。すると、売れ残った数がわかります。結果はたくさんの数が売れ残った日はありませんでした。

こうした事実に出会った子どもたちは「どうして曜日によって仕入れる数を変えたのか。売れ残った数が少ないのはどうしてか」という疑問をもちました。子どもたちの予想は「何かをもとに仕入れる数を判断しているのではないか」ということになり、その「何か」を調べていくことになりました。

ここでは、「情報を生かして発展する産業」について学ぶことです。まずはどのような情報を活用しているかを確認し、次に、その情報をどのように集めているのか。どのように生かしているのかを調べていきます。

情報は目に見えにくいという課題があります。また、システムが高度で、子どもたちに分かりにくいということも指摘されています。情報伝達のシステムに深入りすることがないよう、様々な活用場面から子どもたちに分かりやすい場面を切り取るなど留意する必要があります。

なお、販売業を事例にした場合、販売の仕事については３年でもスーパーマーケットなどが取り上げられています。情報の活用も売り上げを上げるための一つの工夫ですから、３年の学習との関連を図るとよいでしょう。

5年34

なぜ？「わが国の自然災害」を網羅的に取り上げるのですか。

「災害列島」としての国土の特質を捉えさせる

5年の社会科は国土を対象にした学習です。ここでは、自然災害について理解することに留まりません。国土のもつ特質を自然災害という視点から捉えるようにします。具体的には、次のような自然災害から見た国土の特質が考えられます。

わが国では、例年のように地震や津波、土砂崩れ、風水害、火山の噴火、豪雪など様々な自然災害に見まわれています。自然災害の「標本」とか「デパート」と言ってもよいでしょう。また、地震によって、津波が発生したり土砂崩れが起こったりします。豪雨によって、土砂崩れやがけ崩れ、洪水なども起こります。災害が複合的に発生することもあります。住んでいる地域で起こりうる自然災害はもとより、国土全体で発生している様々な自然災害の種類や形態を理解しておくことが大切です。

これまでに起こった主な自然災害を地図に表すと、北海道から九州・沖縄まで各地で発生していることがわかります。わが国では自然災害がどこででも起こりうるのです。このことは、平地に住んでいる人が山間地に行ってキャンプや登山をするとき、日ごろは意識していない自然災害に遭遇することもあるということです。いま住んでいる地域で起こりうる自然災害に対して理解しているだけでは、身を守ることができません。日本に住む私たちは、自然災害はどこでも起こりうるという認識をもつことが求められます。

これまでに発生した自然災害とその時期を年表に表すと、日本のどこかで毎年のように起こっていることに気づきます。

このように、わが国はいろんな災害がいつでも、どこでも起こりうる国土であり、私たちはそうした国土に住んでいるという認識をもたせるために、5年では自然災害を網羅的に取り上げるようになっているのです。

授業づくりのヒント　グループごとに調べ、発表の場をもつ

学習指導要領では、地震災害、津波災害、風水害、火山災害、雪害などを取り上げるようになっています。ほかの指導場面と異なり、選択的な扱いにはなっていません。あらゆる自然災害について概要を理解することによって、国土に対する理解を深めることができるからです。自然災害については、4年で「県内で発生した自然災害」が取り上げられていますから、これまでの学習経験を生かし、関連付けて指導します。

本内容が5年の終末に実践されることを考慮すると、次のような展開が考えられます。

まず、わが国ではこれまでにどのような自然災害が起こったか。また、今後起こりうるかを概観させます。ここでは、過去の自然災害の写真や新聞記事などを活用します。

次に、これらのなかからグループで自然災害を一つ選んで詳しく調べていくようにします。その際、調べる事項は次のように設定し、グループ共通にします。下記の「○○○」は選択した具体的な自然災害を表します。

- ○○○は、これまで日本のどこで、いつ起こったか。主なものを地図や年表などに書き表す。
- 各地で起こった○○○から一つを選んで、どのような被害が出たのかを調べる。そのとき、どのような対策がとられたかを調べる。
- 今後想定されている○○○に対して、国や県などはどのような対策をとっているかを調べる。
- ○○○の発生に対して、自分（たち）はどのような備えをしたらよいかを考え、みんなに提案する。

項目をグループ内で分担してジグソー方式を取り入れることもできます。調べたことはグループごとに発表させます。その際、発表させる場では、調べていない自然災害について理解を深めるよう助言するとともに、どのような自然災害にも関心をもつように助言することがポイントです。

6年 35

なぜ？ 歴史の学習のまえに「政治から学ぶ」ようになったのですか。

現在の政治を学んでから、過去の政治を学ぶ

これまでの6年では、日本の歴史を学んでから、現代の政治について学ぶようになっていました。それが政治先習に変わったことには次のような理由があります。

まずは、これまでの歴史学習での問題点です。歴史の学習で、鎌倉幕府とか明治の新政府などの用語が登場してきます。しかし、これがどういうものか、子どもたちは理解していません。租庸調や年貢、地租改正といった税に関わる用語も登場してきます。それが国家にとってどういう意味や役割をもっているのか、十分認識されていませんでした。さらに、歴史学習では「治める」とか「力をもつ」といった言い方がされます。

こうした政治に関する基礎的な知識や用語が現代社会においてどういう意味をもっているのか、具体的なイメージをもたないままに歴史の学習が進められてきたことの問題です。

次は、政治学習の実施の時期です。歴史の学習が11月ごろまで行われてきましたから、政治学習の期間に2週間近くの冬期休業日が入り、学習活動が途中で分断するなど継続した学習ができにくかったという問題です。その結果、子どもたちの政治に対する理解や関心が深まりにくいという指摘が出されていました。

さらに、18歳に成人（成年）年齢が引き下げられ、選挙権を行使することができるようになりました。選挙をとおして政治に関わる年齢が早まったことも、これまで以上に政治の働きや仕組み、選挙の意味を小学校の時期からしっかり学ばせたいという意図もあります。

これからは、歴史学習を視野に入れつつ、政治に関する学習をこれまで以上に充実させる必要があります。

授業づくりのヒント　歴史先習には歴史と政治を関連付ける趣旨があった

これまでのような政治に関する学習のまえに、わが国の歴史を学ぶという順序になったのは、昭和52年版の学習指導要領からです。それまでは政治の学習からスタートしていました。今回の学習指導要領は昭和42年版に戻った恰好になりました。

なぜ、昭和52年版から歴史先習になったのでしょうか。昭和52年版の「内容」には、「(前略) 第二次世界大戦などを経て民主的な国家として今日に至っていることについて」理解することが示されていました。また、平成元年版では、「日本国憲法の制定」が戦後の歴史学習で取り上げる事象として最後に示されていました。昭和52年版及び平成元年版の学習指導要領にもとづく指導では、戦後日本国憲法が制定されたことを踏まえて、日本国憲法にもとづく政治は、現在どのように行われているのか。どのような仕組みになっているのかという問題意識をもたせて、政治の働きや仕組み、日本国憲法について発展的に調べるようになっていたのです。

すなわち、歴史の授業の延長線上に、現在の政治を位置付け、学ぶようになっていたのです。かつての歴史先習には、歴史から政治へ発展的に関連付けるという趣旨があったのです。ところが、その後、平成10年版の学習指導要領で「オリンピックの開催」が加えられ、この説明が通らなくなりました。

学習指導要領に示されている順序は、特に断り書きがある場合を除いて、学習指導の順序を示しているわけではありませんが、これからは4月からいきなりわが国の政治について学習するようになります。子どもたちにいかに関心をもたせるか、これまで同様課題になります。今回の学習指導要領でもこれまでと同様に、憲法が国民生活の基本を定めていること、政治は国民生活の安定と向上を図っていること、国民生活における政治の働きを考えるなど、「政治と国民生活との関連」を理解させることが重視されています。

政治は子どもたちにとって馴染みが薄いものです。日本国憲法の考え方や政治の働きの学習では、子どもたちの身近な事例から導入する必要があります。また、立法 (国会)、行政 (内閣)、司法 (裁判所) の仕組みや役割、三権分立などを学ぶ場面では、作業的な活動を取り入れるなどの工夫が考えられます。

なぜ？ 政治の学習が「日本国憲法」から学ぶのですか。

政治の基本的な考え方を押さえる

これまでの政治単元は、３つの小単元から構成されていましたが、その順序が次のように変わりました。

① 私たちの願いと政治の働き	① 日本国憲法と私たちの暮らし
② 日本の政治の仕組み	→ ② 日本の政治の仕組み
③ 日本国憲法と私たちの暮らし	③ 私たちの願いと政治の働き

これまでは、政治の働きについて具体的な事例をとおして学んだあと、それを成り立たせている政治の仕組みと基本的な考え方を示している日本国憲法を学ぶという順でした。それが学習指導要領の構成では、真逆の③、②、①の順に変わりました。これにもとづいて単元を構成した場合、いきなり「日本国憲法」の学習から始まることになります。こうした扱い方はこれまでありませんでした。

このように変更されたのは、まずわが国の国家としての理想や政治の根本的な考え方を押さえ、それにもとづいて定められている政治の仕組みを理解し、そのあと、政治の働きを具体的に調べるというものです。すなわち、日本国憲法に規定されている政治に対する基本的な考え方を概観し、それにもとづいて政治の働きを具体的事例に即して学ぶという手順です。このような「概観して具体を」という手順や手法は、ほかの学年や単元でも取り入れられています。

ちなみに、中学校の公民的分野の学習では、日本国憲法から学ぶようになっています。そのあと、政治の仕組みや地方自治などについて具体的に学ぶようになっています。今回の小学校の政治に関する内容構成は、中学校にならったものとも受けとめることができます。

授業づくりのヒント　身近な事例から日本国憲法の学習を

4月の段階で、子どもたちに「日本国憲法」に関心をもたせるためには、いきなり日本国憲法の条文や内容を扱うのではなく、まず日本国憲法の存在に目を向けさせることが先決でしょう。とは言っても、日本国憲法は、5月3日が「憲法記念日」で祝日になっているくらいで、子どもたちにとっては日常生活において距離のある存在です。それを身近に感じさせ、その内容について理解させるところに、社会科で取り上げることの意味があります。

子どもたちの身近なものに「教科書」があります。4月は教科書が新しくなり、教科書に関心を向けている時期でもあります。

1年生に教科書を配布する際、教科書を入れる紙の袋に文部科学省からのメッセージが添えられています。次のような内容です。

> お子様の御入学おめでとうございます。
>
> この教科書は、義務教育の児童・生徒に対し、国が無償で配布しているものです。
>
> この教科書の無償給与制度は、憲法に掲げる義務教育無償の精神をより広く実現するものとして、次代を担う子供たちに対し、我が国の繁栄と福祉に貢献してほしいという国民全体の願いを込めて、その負担によって実現されております。(以下省略)

ここには「憲法」という用語が登場してきます。これを資料として活用することにより、子どもたちは自分たちが手にしている教科書が憲法の規定によって無償で給与されていることを知ります。このあと、憲法のどの条文と関連しているのか調べさせることもできます。

「憲法って何なんだろう」「憲法にはどのようなことが定められているのだろう」といった課題で、このあと、国家の理想や天皇の地位、国民の権利及び義務などを調べていくようにします。調べていくうちに、日本国憲法は自分たちの生活と深く関わっていること、政治を進める際の基本を示していることに気づかせるようにします。

6年 37

なぜ？ 小学校の歴史学習は「人物の働きや文化遺産」に着目するのですか。

第一義は歴史に対する興味・関心をもたせること

これまで、3年で暮らしや市の移り変わりについて学習してきましたが、日本全体に目を向けて、日本の歴史を学ぶ機会は初めてです。

たくさんの人物の名前や、年号を覚えなければならないから大変だといった不安感を抱いている子どももいるでしょう。これまでの学習のように、実際に見学・調査することもなくなり、各種の資料を活用しながら学ぶようになりますから、すでに苦手意識をもっている子どももいます。

6年の子どもたちにとって日本の歴史を学ぶのは初めてです。中学校では同じように日本の歴史を通史としてさらに詳しく学びます。高等学校でも、「日本史」を必修科目として学ぶようになります。

小学校6年は歴史を学ぶ「はじめの一歩」です。こうした入門期に歴史嫌いの子どもを育てたり、歴史学習に苦手意識をもたせてしまったりすることは厳に慎しまなければなりません。歴史に対する関心をもたせ、これからも歴史を学び続けようという意欲を育てることが何より重要です。中学校や高等学校での歴史学習に発展させることができるからです。

こうした趣旨を実現させるため、小学校では従来から取り上げる歴史的事象を厳選し、それらに関連している人物の働きや代表的な文化遺産に着目させ、分かりやすい歴史学習を目指しています。小学校では、出来事や人物を網羅的に取り上げるようになっていません。取り上げる歴史的事象を庭に据えられている庭石にたとえると、小学校では飛び石的な歴史学習になっています。通史になっていないのは、歴史に対する興味・関心をもたせることを第一義に据え、最低限の基礎的な知識を習得させることに留めているからです。これが小学校の歴史学習の特色です。中学校では、小学校の歴史学習を踏まえて、因果関係も含めて通史学習になっています。

授業づくりのヒント　歴史的事象と人物を関連付けて指導する

日本の歴史に関連する事項は、内容の(ア)から(サ)の11項目から示されています。各歴史的事象と例示されている42名の人物を関連付けると、次のように整理することができます。

歴史的事象	例示されている人物
(ア) 狩猟・採集や農耕の生活	———
古墳	———
大和朝廷（大和政権）による統一	卑弥呼
(イ) 大陸文化の摂取	聖徳太子、小野妹子
大化の改新	中大兄皇子、中臣鎌足
大仏造営の様子	聖武天皇、行基、鑑真
(ウ) 貴族の生活や文化	藤原道長、紫式部、清少納言
(エ) 源平の戦い	平清盛、源義経
鎌倉幕府の始まり	源頼朝
元との戦い	北条時宗
(オ) 室町時代の建造物や絵画	足利義満、足利義政、雪舟
(カ) キリスト教の伝来	ザビエル
織田・豊臣の天下統一	織田信長、豊臣秀吉
(キ) 江戸幕府の始まり	徳川家康
参勤交代や鎖国などの幕府の政策	徳川家光
(ク) 歌舞伎や浮世絵	近松門左衛門、歌川広重
国学や蘭学	本居宣長、杉田玄白、伊能忠敬
(ケ) 黒船の来航	ペリー、勝海舟
廃藩置県や四民平等などの改革	西郷隆盛、大久保利通、木戸孝允 明治天皇
文明開化	福沢諭吉
(コ) 大日本帝国憲法の発布	大隈重信、板垣退助、伊藤博文
日清・日露の戦争	陸奥宗光、東郷平八郎、小村寿太郎
条約改正	陸奥宗光、小村寿太郎
科学の発展	野口英世
(サ) 日中戦争や我が国に関わる第二次世界大戦	———
日本国憲法の制定	———
オリンピック・パラリンピックの開催	———

6年 38

なぜ？

歴史学習で取り上げる「歴史的事象」が精選されているのですか。

網羅的な扱いを排し、具体的に学ぶ

小学校では、中学校での歴史学習の薄墨にならないよう、その時代に活躍した人物の働きや代表的な文化遺産をとおして学ぶようになっています。

歴史学習に限らず、社会的事象をあれもこれも取り上げると、どうしても知識を詰め込む授業になりがちです。取り上げる歴史的事象（調べる対象）が精選されているのは、歴史を初めて学ぶ子どもたちが興味・関心をもって学習に取り組めるようにするためです。精選されていることによって、子どもたちは歴史的事象をじっくり時間をかけて調べたり、調べたことを表現物に表したりできるようになります。

各時代の学習で取り上げられる歴史的事象を見てみると、奈良時代は「大仏造営の様子」、平安時代は「貴族の生活や文化」、鎌倉時代に関しては「源平の戦い」と「鎌倉幕府の始まり」と「元との戦い」です。いずれの時代においても、取り上げる歴史的事象が厳選されています。時代と時代のあいだに隙間があり、庭の飛び石のようになっていることがわかります。各時代において典型的な出来事に精選されています。

ここで、奈良時代の学習で取り上げられる「大仏造営の様子」について具体的に見てみます。中学校社会科の歴史的分野の教科書を見ると、聖武天皇や東大寺の大仏については天平文化と関連付けて記述されており、その分量は１ページも満たしません。一方、小学校の教科書では、聖武天皇に関して２ページ、大仏づくりについて２ページにわたって資料と本文で構成されています。特に大仏づくりについては、聖武天皇の詔の文書や大仏づくりの様子のイラスト、大仏づくりで使った金属や働いた人数の資料などが示されていて、具体的に学べるようになっています。また、鑑真に関しても小学校のほうが詳しい記述になっています。このことは、指導時間に連動しています。

授業づくりのヒント　歴史的事象と学習内容との関連を押さえる

歴史学習においては、取り上げる「歴史的事象」と関連する「人物や文化遺産」との関連を確認するとともに、学習をとおして身につける「学習内容」を押さえ、三者の関連性を明確にして指導することが大切です。

例えば奈良時代を例にすると、学習指導要領に示されている歴史的事象は「大仏造営の様子」だけです。遣唐使や遣唐使船、正倉院、人々の暮らしの様子などについては直接的な記述がありません。ここで取り上げられる文化遺産は「奈良の大仏」です。大仏造営に関わる人物として、聖武天皇と行基と鑑真が例示されています。ここでの学習をとおして最終的に習得させること（学習内容）は「天皇を中心とした政治が確立されたこと」です。以上のような考え方を図に表すと、下記のようになります。

ここでは、人物の働きや文化遺産について調べることが目的ではありません。調べることをとおして当時の時代の様子や特色を理解させることに狙いがあります。歴史的事象は調べる対象（教材）であり、それをとおして習得させることが学習内容です。両者の違いと関連を押さえて授業づくりを進める必要があります。「歴史は人物学習だ」という言い方がありますが、必ずしも正しい言い方ではありません。また、伝統文化教育と歴史学習は同じではありません。両者の違いも押さえておきたいものです。

●学習内容

天皇を中心とした政治が確立されたこと

↑

●学習内容を学ぶための歴史的事象（教材）

大仏造営の様子　←　●調べ方　遺跡、文化財、資料などを活用して

・この時代の代表的な文化遺産としての「奈良の大仏」
・「大仏造営」に関わる人物として、聖武天皇、行基、鑑真

▲「大仏造営の様子」の学習イメージ

なぜ？ 歴史の学習で当時の「世界との関わり」に目を向けさせるのですか。

わが国の歴史をグローバルな視点から捉える

学習指導要領には、「アの（イ）から（サ）までについては、当時の世界との関わりにも目を向け、我が国の歴史を広い視野から捉えられるよう」にすると、新たに示されました。ここでは、飛鳥時代以降のすべての時代の学習を対象にしていますが、『解説』に例示されているのは、「大陸文化の摂取」「元との戦い」「キリスト教の伝来」「黒船の来航」「日清・日露の戦争」「日中戦争や我が国に関わる第二次世界大戦」の６つの指導場面です。これらはいずれも外国と深く関わっている歴史的事象です。ほかにも「鎖国」「文明開化」「オリンピック・パラリンピックの開催」を取り上げる場合にも外国との関わりは扱われます。

わが国の歴史を見るとき、その視点として、政治の目、産業の目、暮らしの目、文化の目のほかに、外国との関わりの目があります。歴史をこれらの目（視点）から見たり考えたりすることによって、各時代の様子を多面的に捉え、その特色を理解することができるようになります。

日本における動きや出来事は、それぞれの時代において当時の世界から強く影響を受けています。わが国の歴史を理解させるとき、世界との関わりに目を向けさせるのは、わが国の歴史をグローバルな視点から、すなわち世界史の視点から捉えさせることを意図したものです。

また、世界との関わりに目を向けるためには、世界地図を活用することになりますから、地理的な視点を歴史学習に組み入れる役割もあります。

さらに、高等学校での地理歴史科の履修との関連があります。これまでは「世界史」が必修でしたが、これからは必修科目が「日本史」になります。高等学校で世界史を学ばない生徒が出てくることから、中学校段階から、さらに小学校から、わが国の歴史を世界との関わりに目を向けて学ぶことが重視されるようになったのです。

授業づくりのヒント　世界地図を活用し、世界のなかの日本を意識させる

『解説』に例示されている世界との関わりに目を向ける場面においては、それぞれ次のような資料を活用した指導の工夫が必要になります。資料は1枚程度の地図に限定し、深入りしないように留意します。

○　大陸文化の摂取

・聖徳太子が行った遣隋使に関連させて、当時の中国（隋）の位置や広がり、遣隋使の交通路を示した地図を活用し、日本との位置関係を捉えさせます。また、小野妹子が持参した国書から、聖徳太子は隋との対等な関係を求めていたことに気づかせます。

○　元との戦い

・世界地図を示して、モンゴルの広さを捉えさせるとともに、九州北部に攻めてきた元は、当時中国や朝鮮を支配していたことや、日本を従えようとしていたことに気づかせます。

○　キリスト教の伝来

・フランシスコ・ザビエルがキリスト教を広げるために、日本に来たころ、ヨーロッパの国々は、キリスト教を広め、貿易を行うために世界に進出していたことを、当時のポルトガルやスペインの勢力範囲や主な航路を示した世界地図を活用して捉えさせます。

○　黒船の来航

・ペリーが浦賀に来航したころ、アメリカだけでなく、ヨーロッパの国々が貿易を求めて、アジアに進出していたことを19世紀中ごろのユーラシアの世界地図を示して捉えさせます。

○　日清・日露の戦争

・日清戦争の際の日本軍の進路や主な戦場と、日露戦争の際の日本軍とロシア艦隊の進路を示した地図を提示して、戦場の位置や変化、広がりを捉えさせます。

○　日中戦争や我が国に関わる第二次世界大戦

・ここでは、戦場になったアジア・太平洋地域の地図を活用して、戦争の広がりを捉えさせます。

6年
40

なぜ？ 戦後の学習には歴史上の「人物が例示」されていないのですか。

人物に対する評価に合意が形成されていない

学習指導要領に人物名が初めて示されたのは平成元年版です。それ以前の昭和52年版では、『指導書』において8名の人物が「例えば」として示されていました。平成元年版で例示された人物は42名です。それ以来、現在の学習指導要領まで人物の名前と人数に変更がありません。

取り上げる歴史的事象と例示されている人物との関係を見ると、83ページに示したように例示されていないのは、狩猟・採集や農耕の生活、古墳、それに日中戦争以降オリンピック・パラリンピックの開催に関する事項です。前者の古墳までに人物が例示されていないのは、当時の資料がなく、人物名が特定されないことから理解できます。

「小学校では人物の働きや代表的な文化遺産をとおして歴史を学ぶ」と、小学校らしい歴史学習の特色が強調されてきました。にも関わらず、戦争中から戦後、そして現代までの学習場面には、人物名が例示されてきませんでした。どうしてでしょうか。

戦後の歴史学習に相応しい人物について尋ねると、サンフランシスコ平和条約を結んだ吉田茂や昭和の時代の昭和天皇などをあげる人がいます。また1964年の東京オリンピックで活躍したスポーツ選手の名前や日中平和友好条約を結んだ田中角栄をあげる人もいます。要するに、まだ歴史が浅いからでしょうか。特定の人物に絞ることができない状況なのです。人物に対する評価が定まっておらず、合意形成がなされていないとも言えます。

42名についても、坂本竜馬がどうして入っていないのかという声を聞くことがあります。一人を入れようとすると、おそらくあの人もこの人もという声が出されてくるでしょう。現在の42名に対しても「なぜこの人物なのか」という説明はこれまでなされてきませんでした。

授業づくりのヒント　オリンピック・パラリンピックを軸に展開する

太平洋戦争が1945（昭和20）年に終わってから、75年が経っています。この間、日本社会は大きく変わってきました。これからの時代を担う子どもたちに、これからの日本のあり方を考えさせるためには、戦後の日本についての学習を充実させることが不可欠です。学習の対象が現代に近くなると、どうしてもあれもこれもを取り上げ、どうしても中学校の薄墨になりがちです。

学習指導要領には、戦後の学習に関連して「オリンピック・パラリンピックの開催」という歴史的事象が示されています。この事象が初めて示されたのは平成10年版でした。当初は1964（昭和39）年の東京オリンピックが想定されていましたが、その後開催された、1972（昭和49）年の札幌冬季オリンピック、1997（平成9）年の長野冬季オリンピック・パラリンピック、そして、2021（令和3）年に開催が予定されている東京オリンピック・パラリンピックを関連付けて取り上げることができます。「オリンピック」を軸に4つの時期の社会の様子を調べ、戦後の歴史を展開することができます。

1964年の東京オリンピック・パラリンピックはわが国の戦後復興期、1972年の札幌冬季オリンピックは高度経済成長期でした。また、長野冬季オリンピック・パラリンピックは環境保全型でした。そして、2021年の東京オリンピック・パラリンピックはわが国が成熟社会を迎え、少子高齢化、情報化、グローバル化が一層進行しているなかでの開催です。それぞれのオリンピックが開催されたころの日本社会の出来事を調べることにより、それぞれのころの社会の様子を象徴的に捉えさせることができます。

1964年のときには、車椅子に乗ってアーチェリーの競技をする選手の写真と「PARALYMPIC　TOKYO　1964」の文字を配置したポスターがつくられています。ポスターには「パラリンピック・国際障害者スポーツ大会」という名称が書かれています。いまのように時期をずらして開催されました。

4つのオリンピックを取り上げた小単元「戦後の日本－オリンピックを通して」（7時間扱い）の指導計画及び主な指導場面の学習指導案と板書計画が、拙著『“知識の構造図” を生かす問題解決的な授業づくり』（明治図書出版.126～137ページ）に紹介されています。

なぜ？ つながりのある国を調べるとき、「子どもに選択」させるのですか。

これまでの学習成果を生かし自力解決を促す

国際理解に関する内容に関して、「我が国とつながりが深い国から数か国を取り上げ」、「児童が1か国を選択して調べる」ようにすると示されています。それまでの指導場面では、複数の事例や事例地から選択する行為を原則的に教師が行ってきました。子どもに選択させるように求めているのはここだけです。それには次のような理由があります。

本単元が実践されるのは1月から2月です。小学校での社会科学習のほぼ最終場面です。それまでは教師の指導のもとに、調べる対象や調べ方などが主として教師から指示され、一斉学習が基本でした。まもなく子どもたちは中学校に進学していきます。中学校ではより主体的に学習することが求められます。複数の対象から、自分の興味・関心や問題意識などにもとづいて選択したり決定したりする機会も増えていきます。調べたい国を子ども自身に選択・決定させるという行為は、中学校でより自立した学習が求められるようになることを見越して設定されているものです。

子どもが自ら調べる国を選択するためには、対象への強い問題意識をもっていなければなりません。他人から指示されたり、他人のまねをしたりすることは主体的な学びにつながらないからです。また、自己選択することは、その後の調べる活動が基本的に一人で学ぶようになるということです。そのためには、調べたり考えたり、さらにまとめたりすることが自力でできるようになっている必要があります。教師にはそうした能力や技能を事前に身につけさせておくことが求められます。

6年のこの時期に、子ども一人一人が自らの問題意識などにもとづいて学習対象を選択し、自力で学習する場が用意されていることを見据え、各学年でステップを踏んで社会科学習力を身につけていく必要があります。

授業づくりのヒント　指導のポイントは事前と事後にある

子どもたちに自分の調べたい国を選択させ、自力で調べるようにするためには、まず事前に次のような一斉指導が必要です。

● 経済や文化などの面でわが国とつながりのある国を出し合い、4～6か国程度に絞ります。例えば、アメリカ、韓国、中国、サウジアラビア、オーストラリアなどが取り上げられています。
● それぞれの国について、位置や首都、人口、気候、言語などを調べ、概要を理解させます。そのあと、「これらの国の人たちはどのようなくらしをしているのだろうか」という学習問題を設定し、調べたい国を一つ選ばせます。調べる国ごとの人数が異なることもあります。
● 次に、調べる事柄について話し合います。例えば、衣食住の特色、学校生活や子どもの遊びの様子、特色ある文化や伝統、日本との交流などが考えられます。また、実施可能な調べ方やまとめ方についても計画させておきます。まとめ方は友だちに伝えやすい方法を考えさせます。

このあと、数時間をとって、子どもたちに自由に調べさせます。資料は教科書や教師が用意したもののほか、子どもに自由に集めさせることもできます。授業者は個別に助言することに徹しますが、子どもたちに共通したつまずきや問題点を発見したときには一旦学習をストップさせて助言します。

次に、調べたことをもとに発表させる場面を設けます。ここでは、次のように展開します。

● 調べた国ごとに集まって、発表し合います。人数が多い場合には、さらに小グループを構成します。新たに発見したことはノートに書き留めるよう助言します。
● ここから一斉学習です。調べる観点ごとにまず違いを出し合います。次に、共通していることは何かを話し合います。その際、横に国名、縦に観点を記入した図表にまとめていくと、違いと共通点が明確になります。
● そのうえでこれらの国の人たちと共に生きていくためには何が必要かを考え、みんなで討論します。最後に、レポートや小論文を書かせます。

6年42

なぜ？「国際交流」がつながりの深い国の学習に位置付けられたのですか。

調べる国に即して、国際交流の役割を考えさせる

これまでの6年の内容に、わが国の「国際交流」が「世界のなかの日本」の学習に位置付けられていました。ここでは、スポーツや文化のなかから選択して取り上げるようになっていました。これからは、それが4年に移行し、県内の特色ある地域の一つとして「国際交流に取り組んでいる地域」を取り上げるようになりました。このことについては60～61ページで解説したとおりです。

4年では、県内の市区町村の取り組みが取り上げられます。一方6年では、これまでの扱い方や位置付けではなく、わが国と経済や文化などの面でつながりのある国の人々の生活を調べるなかで、スポーツや文化などをとおして他国と交流していることを取り上げ、国際交流が果たしている役割を考えさせるようになったのです。国際交流に関する学習が、4年と6年で扱われるのは、わが国がグローバル化するなかで、世界との交流に目を向け、これからの日本や人々のあり方を考えさせるためです。

6年では、子どもたちが選択した国を対象に日本との国際交流の実際について調べることになります。人々の生活の様子に着目して、国際交流の実際を調べ、それが果たしている役割を考えさせるためには、どのような事例をもっているとよいのかを十分吟味する必要があります。

ここでは、世界の人々の生活は多様であることと、他国と交流し異なる文化や習慣を尊重し合うことの大切さの二つを理解させることに狙いがあります。これまでより学習内容が増えていますから、これまで以上に指導時間が必要になります。年間の時間数を考慮した指導計画を作成する必要があります。また、ここでは、子どもたちが国を選択して調べていますから、個別学習が基本になっています。国際交流に関して、どのような資料を提示するか。実際に交流活動を授業に組み入れるときどうするかなど検討すべき課題が多々あります。

授業づくりのヒント　選択した国とわが国とのあいだでの国際交流

わが国と経済や文化などの面でつながりのある国として取り上げられる、アメリカ、韓国、中国、サウジアラビア、オーストラリアなどの国々は、わが国と様々な面での交流活動を行っています。

ここで重要なことは、選択した国とわが国との国際交流の実際を子ども自身が調べることです。一斉学習で調べることではありません。調べることは子どもが選択した国とわが国とのあいだで行われている国際交流です。交流とは文字どおり一方向ではなく、双方向の関わり合いのことです。その内容はスポーツや文化とされています。わが国のスポーツや文化がその国でどのように交流されているか。その国のスポーツや文化が日本国内でどのように交流されているかを具体的に調べなければ、交流の実際は見えてきません。また、交流の対象は「スポーツや文化」ですから、具体的には、人とともにものや情報などの観点から交流の実際を調べることになります。

このように見てくると、多くの学校や教科書などで取り上げられている国を想定すると、サウジアラビアやオーストラリアなどはサッカーや野球などのスポーツをとおした国際交流が事例として取り上げられやすいようです。韓国や中国などはスポーツのほかに、音楽や演劇、映画、絵画やアニメなど文化に焦点を当てた交流を取り上げることができます。ここでは、それぞれの国の伝統的な文化を取り上げることにより、文化の多様性に気づき、異なる文化を尊重し合うことの大切さに気づかせることができます。多文化共生社会のあり方について考えさせる機会にもなります。

日本と外国の大学生が交換留学生として学んでいます。これを広く文化交流として捉えることができます。地域に住んでいる留学生や外国人から衣食住について話を聞いたり、着物や食材などの実物を見せてもらったりするなど、直接交流する場を設けることができます。その場合、指導時間の問題もありますから、総合的な学習の時間との関連を図り、国際理解教育の一環として取り組むようにするとよいでしょう。

あとがき

本書を執筆しながら、社会科の授業について終始考え続けていたことがあります。悩み続けてきたことと言ってもよいでしょう。3つあります。

一つは、今回の改訂で、取り上げる内容や教材が増えたことです。扱い方が変わったこともあります。削除された内容や事項はありません。過去に内容を厳選したことにより、学力低下を指摘されるという苦い経験がありましたから、こうした事態の再来を避けたのかもしれません。

3年の「市の様子の移り変わり」、4年の「自然災害から人々を守る活動」や「国際交流に取り組んでいる地域」「県内の文化財や年中行事」、5年の「情報を生かして発展する産業」などは新しく盛り込まれた内容（単元）です。また、6年では歴史学習のまえに政治に関する学習が行われるようになりました。これらは各学校や地域において、新たな教材研究や単元開発が求められることを意味しています。子どもたちの学習負担になったり、教師の仕事増に結びついたりしないか気がかりです。

二つは、これまでの「言語活動の充実」に加えて、「主体的・対話的で深い学び」を実現する授業や各教科で「見方・考え方」を働かせた授業を展開することです。これらは、いずれも手間のかかる指導方法です。丁寧に指導すればするほど、時間が必要になります。また、子どもの学習状況を新しい観点から評価することやカリキュラム・マネジメントによって教育活動や授業の質を向上させることも求められています。

現在、学校の働き方改革が話題になっていますが、学習指導要領の改訂時期にはいまのような風が吹いていませんでした。指導要録の記載に関して多少の配慮がなされている程度と言ってよいでしょう。

三つは、社会科の年間授業時数の問題です。各学年ともこれまでと同じ時数です。週当たりの授業コマ数には限りがありますから、やむを得ないことですが、年間授業時数のことに配慮して改訂されたのかという疑問が付いて回ります。かつて「ゆとりと充実」（昭和52年版学習指導要領）とか「ゆとりの中で生きる力を」（平成10年版学習指導要領）と言われたことがあります。時間にゆとりがないと、精神面でもゆとりが生まれず、子どもたちにも教師にもストレスが増幅します。

器の大きさを変えないままに、そのなかにこれまで以上のものを盛り込もうとすると、器の分量に合わない分は溢れてしまいます。

終始考え続けてきたことを端的に言い表すと、「限られた授業時数のなかで、時間と手間のかかる指導方法をいかに取り入れ、増えた内容や教材をいかに扱うか」ということになります。このことは、各学校や教師のカリキュラム・マネジメント力が問われる問題だと言われればそれまでですが、具体的な手だてが見えてきません。

この問題を根本から解決するためには、社会科という一つの教科で考えていてもよい解決策が見いだせません。学校教育の枠組みである教育課程全体を視野に入れて総合的に検討することによって、ある程度の方向性が見えてくるのかもしれません。また、学校教育改善の視点を教育内容にとどめず、教育制度の問題に広げて、戦後の学校教育を総決算する時期にきているのかもしれません。

とりあえずは、社会科において3つの課題をいかに調和させるか。よいアイデアがあったら学びたいと思います。

＊　　＊　　＊

筆者は、1964(昭和39)年の東京オリンピックのとき、まだ高校生でした。その後、札幌、長野と開催され、再び東京を中心に開催されます。どのようなドラマが生まれるか、いまから楽しみです。合わせて、世の中と時間の移ろいを感じます。

本書の執筆に当たっては、妻・淑恵の援助が不可欠でした。いつものように、仕事に打ち込みやすいように、よき環境をつくってくれました。この場を借りて心から感謝いたします。

令和2年2月

北　　俊夫

著者紹介

北　俊夫（きた・としお）

福井県に生まれる。

東京都公立小学校教員、東京都教育委員会指導主事、文部省（現文部科学省）初等中等教育局教科調査官、岐阜大学教授、国士舘大学教授を経て、現在、一般財団法人総合初等教育研究所参与及び学校教育アドバイザーとして講演や執筆活動を行っている。また、リーフレット『教育の小径』を文溪堂から毎月発行している。

〔主著〕

『「ものの見方・考え方」とは何か』『社会科　学習問題づくりのマネジメント』『なぜ子どもに社会科を学ばせるのか』『こんなときどうする！学級担任の危機対応マニュアル』『言語活動は授業をどう変えるか』『若い先生に伝えたい！! 授業のヒント60』（文溪堂）、『あなたの社会科授業は間違っていませんか』『「主体的・対話的で深い学び」を実現する社会科授業づくり』『「思考力・判断力・表現力」を鍛える新社会科の指導と評価』『“知識の構造図”を生かす問題解決的な授業づくり　社会科指導の見える化＝発問・板書の事例研究』（明治図書出版）、『新社会科討論の授業づくり－思考・理解が深まるテーマ100選』（学芸みらい社）など多数

〔編著〕

『小学校社会科「新内容・新教材」指導アイデア』『小学校社会科「重点単元」授業モデル』（明治図書出版）、『平成29年改訂小学校教育課程実践講座　社会』（ぎょうせい）など

「なぜ」で読み解く社会科授業のヒント －「なぜ」がわかると、授業が変わる－

2020年5月第1刷発行

編著者　北　　俊夫

発行者　水谷　泰三

発行所　株式会社**文溪堂**

［東京本社］東京都文京区大塚3-16-12　〒112-8635
TEL 03-5976-1311（代）
［岐阜本社］岐阜県羽島市江吉良町江中7-1　〒501-6297
TEL 058-398-1111（代）
［大阪支社］大阪府東大阪市今米2-7-24　〒578-0903
TEL 072-966-2111（代）
ぶんけいホームページ　http://www.bunkei.co.jp/

印刷・製本　サンメッセ株式会社／編集協力 株式会社イシュー

ISBN978-4-7999-0376-6 NDC375　96P 210mm × 148mm
定価はカバーに表示してあります。
落丁本・乱丁本はお取り替えいたします。